山东省高校思想政治工作十大建设计划重点项目—胶东红色

胶东红色文化通俗读本

孙猛　陆文　魏潋　鞠明霞 ◎ 主编

中国书籍出版社
China Book Press

图书在版编目（CIP）数据

胶东红色文化通俗读本 / 孙猛等主编. -- 北京：中国书籍出版社，2019.7
ISBN 978-7-5068-7376-5

Ⅰ.①胶… Ⅱ.①孙… Ⅲ.①革命史–山东–通俗读物 Ⅳ.①K295.2-49

中国版本图书馆 CIP 数据核字(2019)第 152456 号

胶东红色文化通俗读本

孙猛　陆文　魏澈　鞠明霞　主编

责任编辑	戎婧铱
责任印制	孙马飞　马　芝
封面设计	范　荣
出版发行	中国书籍出版社
地　　址	北京市丰台区三路居路 97 号（邮编：100073）
电　　话	（010）52257143（总编室）　（010）52257140（发行部）
电子邮箱	eo@chinabp.com.cn
经　　销	全国新华书店
印　　刷	青岛瑞克印务有限公司
开　　本	787 mm × 1092 mm　1 / 16
字　　数	103 千字
印　　张	8.25
版　　次	2019 年 7 月第 1 版　2019 年 7 月第 1 次印刷
书　　号	ISBN 978-7-5068-7376-5
定　　价	28.00 元

版权所有　翻印必究

本书编委会

主　编　孙　猛　陆　文　魏　溦　鞠明霞

副主编　于　瑾　解　琳　王守卫　杨丽华
　　　　　李　霖　贾利丹　林　华　彭丽娜

编　委　刘海霞　黄　鑫　李婉璐　熊晓亮
　　　　　王　晶　宋美超　张　楠　栾小倩
　　　　　王　军

主　审　赵白玉　姜　强

前言 PREFACE

习近平总书记一直关注弘扬和发展红色文化的课题。2018年两会期间，习近平总书记在参加山东代表团审议时强调，"红色基因就是要传承。中华民族从站起来、富起来到强起来，经历了多少坎坷，创造了多少奇迹，要让后代牢记，我们要不忘初心，永远不可迷失了方向和道路。"

此外，习近平总书记在全国高校思想政治工作会议上强调要求当代大学生要树立"四个正确认识"。"四个正确认识"内涵丰富，逻辑严谨，为高校开展形势与政策课的教育与教学提供了新内容，指明了改革的目标和方向。

山东商务职业学院形势与政策课的改革，以树立"四个正确认识"为指导，按照国家和山东省相关文件要求认真开展课程教学。在具体课程建设中，我们注重充分挖掘胶东红色文化在引导大学生树立"正确认识时代责任和历史使命"中的独特作用，以点带面，举一反三，深化改革，提高实效。

以烟台为主体的胶东地区，是山东红色革命的发祥地之一，是中国进行红色革命最早的区域之一，为中国革命的胜利和新中国的诞生付出了巨大的牺牲，作出了历史性的特殊贡献，发挥了不可替代的作用。

推进胶东红色文化进课堂，原原本本地呈现胶东地区党的建设、军事建设、政权建设、文化建设等胶东红色历史资源，客观、科学、真实、明确地向学生展现胶东红色革命史并阐释其中蕴含的红色文化，有利于消解当前"歪曲革命史"、"丑化革命英雄"、"以假设替代现实"等历史虚无主义思潮对大学生思想认识的消极影响，有利于大学生树立正确的历史观。

胶东红色文化进课堂，深化了当代大学生对"道路自信、理论自信、制度自信、文化自信"的理解和深度把握，实现"四个自信"融入思想政治理论课的教育教学工作中，使"四个自信"入脑、入耳、入心，以新的视角理解并践行社会主义核心价值观。

我校推行并长期坚持把胶东红色文化融入形势与政策课课堂，得到了领导和同行的高度认可。2018 年 5 月，我校申报的"胶东红色文化进课堂，引导学生'正确认识时代责任和历史使命'"项目被山东省教育工委立项为山东省高校思想政治工作十大建设计划重点项目，我们深感鼓舞。为提高课堂教学的实效性，推动项目的正常开展，总结研究成果，特编写此书。

编者

2019 年 4 月

目录 CONTENTS

第一章　胶东红色文化概论 ………………………………………… 1

第二章　壮丽的战斗篇章 …………………………………………… 11
 第一节　党组织的创建和大革命时期 …………………… 11
 第二节　土地革命战争时期 ……………………………… 16
 第三节　抗日战争时期 …………………………………… 29
 第四节　解放战争时期 …………………………………… 38

第三章　胶东英雄儿女 ……………………………………………… 45

第四章　不朽的丰碑 ………………………………………………… 76

第五章　胶东红色文化的当代价值 ………………………………… 97
 第一节　胶东红色文化的精神特质 ……………………… 98
 第二节　以胶东红色文化为指引把伟大事业推向前进 … 107
 第三节　大力弘扬胶东红色文化 ………………………… 119

第一章 胶东红色文化概论

文化有广义和狭义之分。广义的文化是指人类创造的一切物质产品和精神产品的总和。狭义的文化专指语言、文学、艺术及一切意识形态在内的精神产品。文化既是一定社会、时代的产物，是一份社会遗产，也是一个连续不断的积累过程。每一代人都出生在一定的历史文化环境之中，并且自然地从上一代人那里继承、传承下来。同时，每一代人又会根据自己的经验和需要对传统文化加以改造，在传统文化中注入新的时代内容。

一、红色文化

红色代表着勇气、勇敢、兴奋、热情、沸腾，20世纪的中国，红色代表着革命，这已经成为人们的共识。回顾中国共产党领导中国人民闹革命、打天下的光辉历程，皆与红色息息相关，如第一军队——红军、第一个革命根据地瑞金——红都，以及南湖的红船等。在血与火的革命洗礼中，质朴的红色情结最终演变为丰富的红色文化。从红色文化的边界范围来看，红色文化是指在世界社会主义和共产主义运动历史进程中人们的物质和精神力量所达到的程度、方式和成果。从文化的形式来看，中国的红色文化又可分为广义和狭义两种。广义的红色文化包括了旧民主主义革命、新民主主义革命、社会主义革命和社会主义建设时期形成的代表时代要求的先进文化。狭义的红色文化则是指马克思主义传入中国后，中国共产党成立以来领导中国人民为获得国家独立和民族解放，在长期的革命战争中形成的、极具中国特色的、以马克思主义为主导的、蕴含着丰富的革命精神和厚重的历史文化内涵的先进文化。

红色文化产生于革命战争年代，是由中国共产党人、先进分子和人民群众共同创造的文化，即革命文化和社会主义先进文化的统称。红色文化形成于中国共产党成立之后，成熟和发展于新民主主义革命时期和社会主义建设时期，新民主主义文化是红色文化的主流，社会主义初级阶段先进文化是红色文化的传承与发展。红色文化作为一种重要资源，也包括了革命遗存为代表的物质文化和革命精神为代表的非物质文化两个方面。其中，物质资源表现为遗物、遗址等革命历史遗存与纪念场所；非物质资源表现为包括红船精神、井冈山精神、长征精神、延安精神、西柏坡精神等红色革命精神。红色文化最根本的特征就是它的"红色"，即它的革命性和先进性。

红色文化提炼和凝聚了中国共产党人的革命精神并在中国革命、建设和改革开放的实践中得以传承。红色文化激励了一代又一代中华儿女为理想和信仰而拼搏奋斗，是人们开拓进取、矢志不渝的强大精神支柱。红色文化内化在每一个中国人的精神中，流动在民族的血脉里，遗传在民族基因中。

二、胶东红色文化

胶东地区位于山东半岛东部，指山东省境内胶莱谷地（胶莱河）以东的区域，包括了今青岛、烟台、威海和潍坊东部地区。以烟台为主体的胶东地区，是山东红色革命的发祥地之一，是中国进行红色革命最早的区域之一，为中国革命的胜利和新中国的诞生付出了巨大的牺牲，作出了历史性的特殊贡献，发挥了不可替代的作用。

胶东红色文化是指中国共产党在领导胶东人民革命斗争的过程中，胶东人民以及其他先进分子共同创造的先进文化，其上限应以马克思主义在烟台、胶东的传播以及早期革命组织在烟台的建立为起始，具体内容应包括党对胶东人民的领导，党在胶东的政权建设、根据地建设、文化建设，在胶东范围内对中国革命有着一定影响的"红色人物"，有着重大影响的革命活动或历史事件，以及胶东革命旧址和遗址等各个相关领域。

对胶东红色文化的研究应该是立体的和具体的，既包括多层次、多方面的具体问题和具体领域的研究，也包括宏观上对"胶东精神"的凝练和提炼。而凝练"胶东精神"，必须全面了解胶东人民在中国共产党领导下所进行的可歌可泣的斗争历史，从胶东地区党组织的诞生，胶东革命根据地的创建、发展、巩固到胶东人民革命斗争取得的光辉胜利。遍布在胶东山区的"苦菜花"代表了坚韧、顽强的胶东人民吃苦耐劳的品格，"苦菜花精神"反映了胶东人民的坚韧顽强、不畏艰险的顽强精神；令日军闻风丧胆的海阳地雷战精神反映了胶东人民的自强不息、创新领先、灵活机动的创造精神；支前精神反映了胶东人民胸怀大局、不怕吃苦的奉献精神；子弟兵精神反映了解放战争期间胶东儿女忠诚于党和人民、国家与民族利益至上无私精神。

胶东地区是山东地区发生革命的最早地区，是山东乃至全国革命的大后方，是全国解放的重要战略转折地。胶东革命是中国革命的重要组成部分，胶东的革命精神与中国革命的井冈山精神、延安精神、西柏坡精神既具有高度的一致性，又有自己鲜明的特色，胶东革命为中国革命发展作出了重大贡献。胶东革命斗争的实质是胶东人民爱党爱国、追求自由幸福生活的斗争，是各阶层人民风雨与共、同舟共济的结晶，具有党、军队和人民鱼水情深血肉相连的情怀。理想坚定是胶东革命精神的灵魂，党群同心是胶东革命精神的核心，敢为人先是胶东革命精神的精髓，无私奉献是胶东革命精神的主题。

红色胶东文化形成于胶东人民争取民族独立、人民自由解放的历史进程中，作为一种精神价值，它会穿越历史的风雨，永远矗立在胶东大地上熠熠生辉。

三、胶东红色文化历史

翻开波澜壮阔的胶东革命史，一段段传奇往事，如雕塑般立体呈现在我们面前，令人心潮澎湃、豪情满怀。1921年7月中共一大召开不久，党组织委派我党早期领导人邓中夏、王荷波到烟台开展党的活动、筹建党的组织，介绍烟台海军学校学生郭寿生加入中国社会主义青年团。1923年，郭寿生经恽代英、王荷波介绍加入中国共产党，成为胶东地区最早的共产党员。1924年，郭寿生在烟台海军学校建立党小组，是胶东地区最早的共产党组织，直属中共中央领导。历史上到过烟台和直接领导烟台地区党组织发展的中共中央和中共北方局的领导人就有陈独秀、王荷波、邓中夏、周恩来、罗章龙以及柳直荀、彭雪枫、胡允恭等。1927年，莱阳一带建立起烟台地区第一个农村党支部。1928年3月，党在胶东地区的第一个县委——莱阳县委成立。1930年秋天，组建了胶东最早的一支人民武装。1933年3月，根据中共山东省委指示，首届中共胶东特委在牟平成立。1935年组建起中国北方少有、山东唯一一支长期坚持下来的红军队伍——中国工农红军胶东游击队。1937年12月，"一一·四"暴动幸存的游击队前往天福山，组建了"山东人民抗日救国军第三军"第一大队。1937年12月24日，中共胶东特委举行了威震胶东的天福山起义，创立了胶东第一支人民抗日武装——山东人民抗日救国第三军，打响了胶东抗日的第一枪。1938年8月，山东第一个专区级抗日民主政权——北海公署在黄县（今龙口）成立。而雷神庙战役、阻止美军登陆、运兵东北、胶东保卫战等历史事件，不仅为胶东也为推动中华民族的独立与解放留下了浓重的印迹，产生了重大而深远的影响。胶东的热血男儿在民族危难之际，赴汤蹈火，用满腔热血保家卫国，纵使战死疆场、尸骨无存也在所不辞。他们是理琪、任常伦、梁学福，也是于得水、赛时礼、张玉华……他们是乳山马石山十勇士、荣成汪口蹈海七烈士，也是莱阳花园头鼓荡着一腔热血、挥舞铡刀东拼西杀最终全部殉难的王姓"一门三兄弟"。

革命战争年代，胶东地区消灭日伪军13.4万人、国民党军16万余人。50万人参军入伍（解放战争时期40万人），"一门出三兵"、"参军模范村"等比比皆是。7.6万名优秀儿女为国捐躯，7250名干部北上南下开辟和建设新解放区。从胶东走出去的人民子弟兵达4个军另2个师又25个团，除第32军外，第27、31、41三个军曾发展成为集团军，占陆军18个集团军的六分之一，成长起以张万年、迟浩田两位军委副主席为代表的19位共和国上将、28位开国少将及数百名党的高级干部。涌现出了"南京路上好八连"、"济南第一团"、"塔山英雄团"、"守备英雄团"、"白台山英雄团"等英雄集体和杨子荣、任常伦、夏侯苏民等著名战斗英雄，以及赵守福、于化虎、孙玉敏等著名民兵英雄，在国家公布的"百位为新中国成立作出突出贡献的人物"中，杨子荣、于化虎等10人是胶东籍和在胶东工作过。胶东地区在册烈士达7万多名，占全省1/3，为全省最多。其中，文登有烈士7900名，是全省烈士最多的县。整个胶东，战争年代有10万多人因伤致残。人们所熟知的革命英雄行为，在胶东的烈士中都能找到类似典型。如：刘胡兰式英雄张晶麟、江姐式英雄于森、黄继光式英雄于慎修、八女投江式英雄群体汪口蹈海七烈士，等等。

胶东根据地被称为当时全国革命政权最稳固、最富裕、最有文化的根据地，尤其是解放战争中成为华东战场坚固的大后方。这儿有金矿、银行、印钞厂、兵工厂、制药厂、战地医院等，是经济实力最强的抗日根据地。在掖县（今莱州）成立的北海银行，是山东抗日根据地最先成立的银行，也是战时山东根据地唯一的人民银行，它发行的北海币是山东根据地唯一流通的货币，北海银行后来成为中国人民银行的三大基石之一。胶东根据地在革命战争时期，共向延安中共中央和山东分局等输送黄金13万两，成为我党领导抗战的经费来源之一。向华东数十万军队供应武器弹药和医药制品不计其数。胶东的军工在抗日战争中是"山东军工的主力"，在解放战争中是"华东军工的主要部分"。在抗战最艰难的1942年和1943年，胶东地区贡献抗战最重要的公粮和田赋均占山东抗日根据地的42%以上。抗战胜利时，胶东有共产党员63064名，占山东抗日根据地党员总数1/3；新中国建立时，胶东党员发展到32.4万名，占全国党员总数1/14。为了新中国的诞生，胶东人民为支援前线，倾其所有、尽其所能，不惜汗濡华夏、血染九州。陈毅曾有一句名言："淮海战役的胜利，是人民群众用小车推出来的。"他的搭档粟裕说得更为具体："华东战场，特别是淮海战役的胜利，离不开山东人民的小推车和大连生产的炮弹。"在山东的小推车中，胶东又一马当先。出动支前民工多达280万人次，占全省的1/4，为全省最多。胶东民众倾其所有支援前线，把最后一粒米拿来做军粮，最后一件旧棉袄盖在担架上。党发出征兵号召，胶东儿女便踊跃参军，涌现出母送子、妻送郎、父子同参军、荣成虎台连、莱阳赤山营等许多感人至深的故事。"战争，让女人走开"。然而，胶东的女性从未逃避血与火的惨烈，她们或巾帼不让须眉，成为军中花木兰；或用母爱特有的柔韧耐力，把儿孙送上战场，为前方将士照料孩子。她们是胶东"王氏十二姐妹"，是解文卿、张晶麟、于敏，也是俞增宽、肖国英、姜明珍；她们是妇女担架队的一员，是妇救会的一员，也是为掩护女八路而一齐剪成短发的众多女青年中的一员。

胶东的红色地址是指胶东革命重大历史事件和革命志士、革命烈士生活战斗过的旧址、遗址，包括遗物、革命纪念馆、烈士陵园、纪念碑等。烟台市现有胶东革命旧址、遗址等329处。其中，革命旧址、遗址183处，故居74处，纪念馆10处，纪念塔、碑22处，烈士陵园17处，烈士墓23处。这些旧址、遗址中属国家级文物保护单位2处：烟台山抗日烈士纪念碑、蓬莱阁"志为人民"烈士纪念碑；

省级文物保护单位4处：烟台市政府旧址、雷神庙战斗遗址、胶东革命烈士陵园、赵疃地雷战遗址；全国爱国主义教育示范基地1处：地雷战纪念馆；山东省爱国主义教育示范基地3处：胶东革命烈士陵园、雷神庙战斗遗址、烟台山抗日烈士纪念碑。烟台山抗日烈士纪念碑——1946年5月烟台市政府根据胶东行署指示，为纪念在烟台解放中牺牲的89位八路军将士在而烟台山上修建纪念碑，碑正南面为"民族英雄名垂千古"八个大字，背面铭刻着89位烈士名字。蓬莱阁"志为人民"烈士纪念碑是1945年蓬莱党政军民为纪念盛易三、郝斌、姚琪三位烈士而建。烟台市政府旧址坐落在芝罘区市府街76号，旧址原是1891年清朝登莱青道台衙门，1945年8月24日烟台解放，为烟台市政府所在地。雷神庙战斗遗址位于牟平区城东南王贺庄村南50米处，建于明朝1634年。1977年，为纪念在雷神庙战斗中牺牲的烈士，被确定为省重点文物保护单位。胶东革命烈士陵园——坐落于栖霞牙山东麓英灵山上，是胶东地区最大的烈士陵园。1945年为纪念在胶东抗日战争中牺牲的20850名烈士而修建，是一座由纪念堂、纪念塔、群雕、铜像及烈士墓、碑、亭等建筑群组成的大型烈士陵园。气势恢弘的纪念堂内，以专刊形式介绍了胶东抗日革命历程，陈列着张连珠、理琪、王文、于克恭、林江、任常伦、郑耀南、辛冠吾、夏侯苏民、解文卿等10余位著名烈士的英雄事迹以及革命先烈从事革命斗争的珍贵文物，如1935年"一一·四"暴动时用过的大刀、长矛、土枪；天福山抗日武装起义时的"山东人民抗日救国军第三军"军旗；胶东特委书记理琪1936年写给各级党的同志一封信和他使用过的办公桌、手枪、钢笔；还有从战场上保存下来的染有烈士鲜血的功劳证等各种珍贵遗物。位于主峰的纪念塔，宏伟挺拔，令人肃然起敬。纪念塔及分布于山两侧的名录塔铭刻着20000多名烈士的名字。赵疃地雷战遗址是海阳赵疃村为地雷战主战场，现存主战场遗址和纪念碑，镇妖石为遗址之一。1945年10月，许世友将军曾挥毫写下

"英雄造地雷、雷乡出英雄"10个大字，对地雷战给予极高赞誉。1995年8月，省委、省政府在海阳召开纪念抗战胜利50周年大会，并在赵疃村立碑以示纪念。地雷战纪念馆位于海阳博物馆一层，2008年12月对外开放，展示画面200余幅、文物200余件，以大量翔实的图片真实生动地再现了当年的激烈战斗场面。除上述国家、省重要旧址、遗址等外，市级重点旧址、遗址等还有：中共烟台市委旧址、《胶东日报》社旧址、胶东军区四分所旧址、八路军胶东军区司令部遗址、八路军挺进东北渡海出发地纪念碑、抗日军政大学第一分校旧址、榆山大会战遗址、黄县县委旧址、茶棚战斗殉难烈士墓、杨子荣纪念馆、福山区烈士陵园、莱山区烈士陵园、牟平区烈士陵园、莱阳市烈士陵园、蓬莱市烈士陵园、长岛县烈士陵园、龙口市烈士陵园、招远市烈士陵园、莱州市烈士陵园等。烟台这些数量众多且保存完好的胶东革命旧址、遗址、陵园、纪念碑等，真实地再现了当年革命志士和革命烈士艰苦卓绝的斗争历史以及炮火连天、金戈铁马的悲壮场景，见证了他们出生入死、英勇顽强的感人事迹，承载着胶东革命坚守信仰、勇于胜利的伟大精神，是新时代开展革命题材教育和爱国主义教育的生动课堂。

在烽火连天的胶东革命历史中，涌现出一大批可歌可泣的英雄人物，很多文学艺术作品再现了那段艰苦卓绝的峥嵘岁月。其中最著名的电影是《地雷战》和《苦菜花》。1962年，八一电影制片厂以胶东海阳赵疃村为原型，实地拍摄了电影《地雷战》，从此，地雷战英雄事迹轰动全国、家喻户晓。1965年上映了根据著名作家冯德英同名小说改编的电影《苦菜花》，再现了普通的胶东人民为抗击日寇侵略英勇顽强的牺牲奉献精神，一经上演轰动一时。1975年上映的电影《车轮滚滚》是以胶东儿女随解放大军支前的历史为背景，讴歌了他们跟随大部队从胶东转战沂蒙、淮海直至渡江南下、解放南京的英雄事迹。而冯德英的"三花"小说也很著名。冯德英是山东威海人，1949

年初参加中国人民解放军，1953年开始写作练习，1955年春正式撰写第一部长小说《苦菜花》，1958年《苦菜花》由解放军文艺出版社出版。1959年第二部长篇小说《迎春花》问世。这两部小说均以作者少年时代的家庭生活为"蓝本"，展现了抗日战争时期和解放战争初期胶东根据地军民反对日伪汉奸"扫荡"、抗击国民党军队进攻的英勇斗争，人物形象鲜活，乡土气息浓郁，受到读者的欢迎，并被译成日、俄、英等国文字。1979年描写抗战前胶东曲折复杂斗争的长篇小说《山菊花》（上、下集）（获解放文艺出版社首届优秀长篇小说奖）出版，至此，冯德英完成了"三花"姊妹篇的创作。2015年由冯德英策划、阿真执笔的《雾锁寒冬》电视文学剧本完成，共上下两卷，60余万字。《雾锁寒冬》再现了当年残酷的战争年代，乳山人民、胶东人民为打击日本侵略者和国民党反动派做出的英雄牺牲，再现了胶东革命者在中国共产党的领导下，组织创建第一支红色革命武装——山东人民抗日救国第三军、发动天福山起义、马石山突围战、血战雷神庙等重大战役的过程。剧中的大事时间与历史吻合，人物均有其人，甚至张连珠、理琪用了真名，可以说《雾锁寒冬》是一部鲜活的艺术化的胶东革命史。反映英雄的胶东人民革命史的文学作品还有峻青的《海啸》、《烽火山上的故事》、《马石山上》、《女英雄孙玉敏》，林井然的抗日题材长篇小说《巍巍的青峦山》。

  2013年6月开始由山东影视集团、山东电影电视剧制作中心和中共招远市委、市政府等多家单位联合出品的32集大型电视连续剧《战火大金脉》在中央电视台综合频道和电视剧频道播出。《战火大金脉》围绕抗战期间招远金矿和北海银行的故事而展开，讲述了胶东人民在中国共产党的领导下与日寇展开艰苦卓绝斗争的故事。2014年3月由中共烟台市委宣传部、烟台广播电视台联合中央电视台拍摄制作的大型红色文化12集主题纪录片《胶东烽火》开始在中央电视台中文国际频道《国宝档案》栏目播出。这部反映胶东红色文化主题的纪录片，讲述了众多烟台革命战争年代峥嵘岁月的故事，是烟台市继上一部大型电视纪录片《烟台开埠》在央视热播后，推出的又一部反映胶东红色文化主题的大型纪录片。为纪念天福山起义80周年，2017年10月15日中国首部反映胶东民众武装抗战历史题材的电影《天福山起义》在济南上映。《天福山起义》以打响胶东武装抗日第一枪的天福山起义为背景，深情讲述了英雄的胶东人民在中国共产党的领导下血性抗战、保家卫国的历史传奇，生动地展现了天福山起义积淀而成的忠义英勇的红色文化。2018年4月另一部反映胶东人民抗战的电影《胶东乳娘》正式启动，这是一部反映胶东乳娘在抗战时期哺育前线子弟兵后代和烈士遗孤的故事。影片以山东乳山真实的乳娘牺牲自己的儿子保护八路军的儿子故事为背景，讴歌了一群胶东乳娘在峥嵘岁月中表现出的人间大爱、血乳交融、生死与共的革命精神。

一段岁月，波澜壮阔、感天动地、刻骨铭心；一种精神，穿越历史、辉映现实、昭示未来。一部红色胶东历史，为我们再现了胶东大地曾经飞扬的革命风采，展示了胶东党、军、民为中国革命作出的独特贡献。胶东红色文化是在轰轰烈烈的胶东革命斗争中凝结出的核心价值和基本精神，是中国革命精英和人民群众双重主体创造的红色革命文化的璀璨缩影，是中国革命先驱向当代人们传递的精神火把，是中华民族凤凰涅槃的永恒精神财富。在胶东这片红色的沃土、这片神奇的土地上，胶东人民继承光荣的革命传统，在血与火的洗礼中，用生命和鲜血书写了惊天地、泣鬼神的壮丽诗篇，为中国人民的解放和中华民族的独立作出了重大牺牲和贡献，树立起一座高耸的革命丰碑，立下了卓越功勋。正是：巍巍昆嵛山，耸立起胶东精英无限忠诚的不朽丰碑；滔滔夹河水，抒不尽胶东人民无私奉献的豪迈情怀。

第二章 壮丽的战斗篇章

以烟台为主体的胶东地区,是山东红色革命的发祥地之一,是中国进行红色革命最早的区域之一,是发生重大革命事件最多的地区之一,为中国革命的胜利和新中国的诞生作出了历史性的特殊贡献,发挥了不可替代的作用。本章以四大历史时期为分节点,重点讲述各个历史时期胶东地区发生的革命历史事件,重温曾经壮丽的战斗篇章。

第一节 党组织的创建和大革命时期

一、五四运动对烟台的影响以及马克思主义在烟台的传播

1919年5月4日,五四运动爆发,山东是最早声援北京学生爱国运动的省份之一。全省迅速掀起了一个以济南为中心,以声援北京学生和"外争国权,内惩国贼"、"还我青岛"为主要内容,以发表通电和集会、示威游行、集会演讲宣传、抵制日货为主要形式的群众爱国运动。在烟台、蓬莱、掖县、福山、栖霞各地,各校学生率先响应,纷纷冲出校门,走上街头,誓作北京学生的后盾。同时,各行各业群众也纷纷加入了声援行列,以抗议北洋军阀政府的卖国行径。

在这场反帝爱国斗争中,以烟台海军学校的学生表现最为突出。他们政治敏锐性比较强,消息灵通。烟台海军学校的前身是清政府的

海军学堂，校址设在烟台东郊金沟寨村，原是清朝光绪二十九年（1903年）创办的一所近代海军学校。1912年推翻清政府后，烟台海军学堂直属北京政府海军部，1913年改名为烟台海军学校。烟台海军学校是胶东革命的发祥地，是烟台党组织最早的策源地，烟台最早的共产党员和党组织都诞生在此。

五四运动爆发后，烟台海校第16届学生李之龙、郭寿生等为代表的进步学生不顾海校当局施行的高压，冲破校规限制，在校内张贴标语，发动海校学生、校工和部分护校海军卫队士兵上街集会游行示威，同烟台各校和各界人士一起，奋勇参加反帝、反封建的爱国运动。8月，烟台学生联合会成立了"烟台警世新剧社"，编演具有反帝爱国内容的剧目，深入工厂、街道演出，宣传发动群众。

1920年春，他们不顾校方禁令，在烟台海军学校秘密组织成立"读书会"，组织同学阅读《新青年》、《每周评论》、《俄国革命史》、《资本论入门》等进步书刊，以及李大钊、陈独秀等人的文章，广泛接触和研究各种新思潮，并作为通讯会员成为李大钊、邓中夏、罗章龙等发起组织的北京大学马克思学说研究会成员。这个研究会是中国共产党建党前夕成立的最重要的传播马克思主义的组织。海校读书会的成员通过学习，深受马克思学说的启迪，思想进一步活跃。1921年秋，郭寿生在海校读书会的基础上，又成立了马克思主义研究小组，继续宣传反帝爱国思想和马克思主义，在青年学生和年轻士兵中起到了很大作用。这是烟台现代史上第一个研究、宣传马克思主义的革命团体，为在烟台建立共产党、青年团组织打下了思想和理论的基础。

1921年中国共产党成立不久，经李之龙介绍，委派邓中夏、王荷波先后到烟台开展党团活动，并介绍郭寿生加入中国社会主义青年团，负责在烟台开展团的工作。1922年夏季，郭寿生在烟台海军学校毕业后，被校方派到南京鱼雷枪炮学校学习并继续从事青年团的活动。同时，参加了津浦铁路工人运动，发动工人起来和反动政府进行斗争，并担任了南京市团委书记。1923年上半年，郭寿生经王荷波、恽代英介绍加入了中国共产党，成为烟台市第一位共产党员。1923年下半年，郭寿生回到烟台海军学校。回烟后，他根据中共中央的指示，在学习舰艇课的同时，也秘密地进行着烟台党团组织的筹建工作。为了便于开展工作，他与曾万里等人在海校秘密地创立了群众性的社团——"新海军社"，仍以开展海军运动为宗旨，团结青年学生和海军士兵，并将它作为党团的外围组织。同时，郭寿生等又创办了《新海军》月刊，郭寿生任主编。

二、中共烟台组的建立及其活动

1924年，郭寿生先后介绍了烟台海军学校学生曾万里和叶守桢加入中国共产党。他根据党的三大决议精神，主动与国民党秘密派到山东办理党务案的王乐平联系，与烟台老同盟会员崔唯吾、戚纪卿等人会商，在戚纪卿的私立医院召开了会议，秘密成立了中国国民党烟台市党部。郭寿生、曾万里、叶守桢以个人身份加入了国民党，郭寿生和叶守桢担任了国民党烟台市党部执行委员，郭寿生还担任了宣传部长，并在海校成立了烟台市党部第八区分部。1924年底，建立了中共烟台组，直属中共中央领导，郭寿生任组长。这是胶东地区成立最早的党组织之一。烟台党组织的诞生，给苦难的烟台人民带来了光明和希望，对烟台地区党组织的发展壮大起到了极大的促进作用，是中国共产党在胶东政治影响不断扩大的主要体现和明显标志。

1925年初，郭寿生、曾万里等学完舰艇课，离烟南下到上海舰队工作，烟台的党团工作由叶守桢负责。为了开展烟台党团工作，叶守桢继续以海校为基地，还经常与在广州的李之龙、汕头的曾万里、香港的晚村、郑州的李震瀛等共产党员保持联系，多条渠道了解革命形势。在烟台国民党内部，叶守桢积极支持左派，发展革命力量，并与分裂国民党、排挤共产党的右派势力进行了坚决的斗争。

1925年5月，日本、英国殖民主义者在青岛、上海制造"五二九"、"五卅"惨案后，激起了烟台、福山、黄县、掖县、莱阳、招远等县各界人民的反帝浪潮。群众纷纷集会游行示威，高呼反帝口号，参加反帝爱国运动的人数多达四五万人。招远的进步青年，以县立道头第五高级小学教师李厚生为首，发起组织了"五卅惨案后援会"，领导学生罢课游行，发动募捐，支援上海工人阶级的斗争。6月上半年，烟台市各县的中小学生首先组织了宣传队，走上街头揭露英国帝国主义杀害中国工人的罪行。下半年，烟台商埠内的工人、学生、店员和市民3万余人在潮州会馆举行抗议集会。会后，愤怒的群众抬着模拟顾正红烈士的假棺上街游行，一路高呼"打倒英国帝国主义"等口号。"烟台市国货维持团"发动全埠商界，开展抵制日货活动，并一致决定与日、英商人实行经济绝交。为推动反帝爱国运动的深入发展，烟台"青沪惨案后援会"电告烟台沿海7县，一律禁止洋货入境。烟台、黄县等各界群众还发起了捐献活动，捐助"五卅惨案"中死难同胞的家属。烟台学生、工人、市民在开展反帝爱国运动之后，叶守桢因领导烟台海校学潮而被开除，离烟去沪。叶守桢走后，烟台共产主义青年团的工作由林祥光负责。10月，李厚生等一批进步的小学教师和中学生在"五卅惨案罢工工人后援会"的基础上，建立了"少年同志社"，主要负责人是李厚生和田绰永，后来先后改名为"乡村教员联合会"和"乡村教育联合会"。

11月，共产党员宋海艇（莱阳万第镇水口村人，1925年3月在山东省立农业专科学校加入中国共产党）受党组织派遣，以国民党左派的身份回到家乡莱阳县水口村，开展党的活动。从1925年冬到翌年春，他先后发展了宋海秋等8人为共产党员。这是宋海艇在莱阳播下的第一批革命火种。1926年春季，宋海艇等党员制定党员纪律，发展农民协会会员200余人，发展党员20余名。

1927年，蒋介石、汪精卫先后发动了"四一二"和"七一五"反革命政变，在全国制造白色恐怖。夏末，国民党山东省党部胶东特派员葛锦堂带着"清党"反共任务来到万第镇水口村，大肆进行"拥蒋反共"宣传，并扬言要成立国民党莱阳县党部。为了与葛锦堂针锋相对，宋海艇决定到义谭店小学抢先成立由共产党员掌握的国民党县党部。但由于候选人未得到多数人通过等原因，没有达到预期目的。秋季，正当宋海艇准备继续扩大党的队伍时，他的活动被敌人察觉，遭军阀张宗昌通缉。宋海艇将莱阳党的工作交给宋海秋负责，只身离开莱阳。之后，宋海秋为了寻找上级党组织，曾到坊子与山东省委负责组织工作的丁君羊取得联系，带回党的文件和宣传材料进行翻印分发，继续扩大党的影响。

烟台海军学堂原址

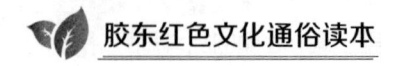

第二节 土地革命战争时期

一、中共莱阳县委建立与"胶东抗粮军"

1927年8月7日,中共中央在汉口召开了八七会议,确定了土地革命和武装反抗国民党反动统治的总方针。为传达八七会议决议,中共中央设立了北方局,开始整顿北方各省(包括山东省)的党组织。根据中共中央指示,在上海、武汉的山东籍党团员陆续返回山东工作。1927年12月,在上海暨南大学上学的莱阳籍共产党员李伯颜(原名李树信,莱阳县东双山村(现属莱西市)人,1925年20岁时考入暨南大学,攻读政治经济学。当年,参加了"五卅运动"。1926年春,加入中国共产党),和在济南的中共党员孙耀臣受党组织派遣一起回到莱阳,开展民运工作、发展党的组织。他们首先组织部分贫苦农民,进行革命启蒙教育,成立和发展了农民协会组织,然后在农民协会会员中物色党员发展对象,进行教育培养,发展了孙文合、孙洪成、孙凯山、孙功思、林世卿、林世茂6人为共产党员。12月26日,在孙耀臣家中,由李伯颜、孙耀臣主持成立了中共前保驾山村支部委员会。孙文合任书记(当时称支部长),孙凯山任组织委员,林世卿任宣传委员。

1928年2月,中共党员宋海秋在莱阳县石龙沟建立了党支部。同年3月,李伯颜在莱阳县水口村建立了胶东第一个党的县委——中共莱阳县委员会,并与中共山东省委接上了关系。

1928年1月,李伯颜到万第镇水口村,与共产党员宋海秋等接上关系,向宋海秋等传达了省委指示,并委托宋海秋到石龙沟成立了中共石龙沟村党支部,宋式纯任书记,宋开甲任组织委员,宋云甲任宣传委员。到3月上旬，莱阳全县已发展党员100余名。李伯颜、孙耀臣审时度势，根据党员队伍扩大和贫苦农民迫切渴望摆脱地主剥削的客观形势，认为建立县委的时机基本成熟。经过几天的酝酿筹备，于3月中旬在水口村党员宋玉桂家中召开了各村党组织负责人会议，宣布成立中共莱阳县委员会，李伯颜任书记兼组织委员，孙耀臣任宣传委员。这是胶东第一个共产党的县委。

中共莱阳县委成立后，李伯颜着力扩大党组织、组织群众、建立武装、发动武装暴动、创建苏维埃。一是积极发展党员，着力扩大党的队伍。以水口村为党的活动中心，在兰家庄、薛格庄、寨庄头、淳于村建立了4个地下联络点，使党组织很快扩大到大夼、姜疃、山前店、南务及莱阳、海阳边区，1928年4月，成立了海阳县第一个党小组。二是发展壮大农民协会组织。在莱阳早期农民协会的基础上，以反帝、反封建、反迷信、反贪官污吏为宗旨，以贫雇农为骨干，继续发展农民协会组织，扩大农民协会队伍。三是组建"胶东抗粮军"，开展武装斗争。1928年4月，山东督军（都督）张宗昌滥发军用票，引起物价飞涨，民不聊生，农民反抗情绪日益高涨。县委抓住时机，决定各村党组织和农民协会筹集枪支、大刀，发展武装，成立"胶东抗粮军"。为制造舆论，揭露张宗昌及莱阳爪牙的横征暴敛、鱼肉人民的罪行，县委书记李伯颜组织人员编印传单，号召农民加入武装组织，进行武装暴动，建立苏维埃政权。接着在小院村傅家茔地召开党组织和农协组织负责人会议，进行组织发动。会后，各支部和农协想方设法募集枪支。到5月初，莱海地区已拥有各种枪支30余支，无枪支的抗粮军成员也大多有了大刀、长矛，"胶东抗粮军"发展到700多人。但与当地军阀势力相比，武装力量仍处于劣势。当时，莱阳县公署保卫团、警备队有400多人枪，还有各区的乡团（联庄会）武装。县委根据双方力量对比情况，作出与农民武装田益三部建立同盟军的决定。为争取田益三，1928年4月底，李伯颜先派北石础村地下交通员刘凤全与田益三联系。在取得田益三同意后，李伯颜到羊儿山与田益三见了面，他对政治、军事形势作了透彻的分析，取得了田益三的信任。5月初，李伯颜以"胶东抗粮军"领导人的身份再到羊儿山，向田益三直接提出"攻城劫狱，建立莱阳苏维埃政权"的意见。田益三被李伯颜的气度和胆量所折服，当即表示他的100多人枪全部加入"胶东抗粮军"，共举大事。事后，田益三找到李伯颜，建议联合与田益三部毗邻的徐子山农民武装共同起事。5月中旬，李伯颜派党员于元丰先与徐子山取得联系，随即亲自与徐子山会面。经过李伯颜推心置腹的交谈，说服了徐子山同意采取联合行动，武装攻打莱阳城。"胶东抗粮军"是胶东第一支由共产党领导的革命武装力量，开创了以革命武装反抗反革命武装斗争的先河。

5月26日（农历四月初八）夜，县委在小院村西小河口夹河套召开莱海边区，莱阳东、北、南部的党组织和农民协会负责人联席会议。会上，县委书记李伯颜向与会者部署攻城劫狱和建立莱阳苏维埃政权的实施方案：以鸡毛传牌为联络信号，兵分四路攻打莱阳城的四个城门。在讨论方案时，大多数人认为部署严密的情况下，贪生怕死的小院村党组织负责人赵百原，在会议之前即把攻城劫狱的机密泄露给本村阶级异己分子赵会原，他们沆瀣一气，策划了破坏攻城计划和杀害李伯颜的阴谋。会议期间，赵百原突然提出反对意见，直到凌晨3点多钟，反对派仍纠缠不休，搅得会议无法进行，李伯颜只好宣布休会，决定次日晚再作研究。会后，赵百原谎称本村人留下开会，诱骗李伯颜参加。年轻的李伯颜身处逆境，对赵百原一伙缺乏警惕和防范，当他正在思考会间争论的缘由时，即被赵百原、赵洪恩、赵洪明、赵永思等用腰带勒死，秘密埋在河套里。这就是莱阳党史上骇人听闻的"小院事变"。此事到1947年土改复查时，党组织才查清赵百原是元凶，并将其处决。

6月11日（农历四月廿四），城内地下党员宋仁甲不知李伯颜被害，又与县委联系不上，遂连送两封密信给田益三，让其率部攻城。当日下午，田益三也不知李伯颜被害，接到密信后就按照李伯颜原定的攻城部署，率部疾赴城东吴格庄村西蚬河东岸密林里集结待命。徐子山接到田益三的鸡毛传牌后，也派30余人枪奔向莱阳城。县城攻下后，外出征收户捐的保卫团和驻平度的齐玉衡旅向莱阳城救援，田益三自知势单力薄，又始终未见李伯颜带领的"胶东抗粮军"，为防有变当夜撤出县城。"胶东抗粮军"攻打莱阳县城，在胶东开创了贯彻八七会议精神、以革命武装反抗反革命武装斗争的先河，对烟台市革命斗争的发展产生了极大的影响。

李伯颜被害后，为稳定全县党内局势，中共莱阳县委宣传委员孙耀臣辞去施忠诚部参谋长职务，秘密回到县委将党的工作作了安排。11月，孙耀臣偕同党员数人去济南寻找省委汇报工作，途经高密县，夜宿在呼家庄一个小饭馆里（党的秘密联络点），被叛徒出卖，不幸被捕。敌人多次审讯毫无结果，遂于12月26日夜将孙耀臣秘密杀害。至此，莱阳第一届县委遭破坏。

二、烟台各县相继建立党组织

1928年11月，赵鸿功在烟台东海中学加入中国共产党，以教学为掩护，先后发展邢汝海、徐士恩、吕永田等5人入党，并于1929年3月成立了党组织。秋季，经烟台特支批准成立中共蓬莱支部，赵鸿功任书记。1930年12月，赵鸿功被国民党反动当局逮捕。

1930年4月下旬，中共山东临时省委派韩连会到烟台组建中共烟台市委，原烟台市临委改组为中共烟台市委，韩连会任书记，许端云、段寄桥、郑洁曙、孙殿斌等为执行委员，辖7个支部，有党员40余人。

6月，郑洁曙、王笑竹等3人在龙口建立了中共龙口特别支部，开展党的地下工作。郑洁曙任特支书记，负责与烟台市委联系并兼顾市委与蓬莱特支的联系。郑洁曙的公开身份是龙口汽车站稽查员,王笑竹的公开身份是国民党龙口公安局庶务。10月,郑洁曙身份暴露,被迫转移。12月,王笑竹也因身份暴露被迫转移。至此,中共龙口特支工作中止。

7月,莱阳籍党员梁岐山到海阳县崖南头村,主持建立了中共崖南头村党支部,此为海阳县第一个党支部,姜万寿任书记。

1930年秋,在济南爱美中学上学的王鼎臣按照省委指示,在掖县六区西障郑家村郑耀南家中成立了中共掖县委员会。郑耀南任县委书记,王鼎臣任民运社保委员,黎光任组织委员,陈子尚任宣传委员,鲍仙洲任交通委员。年底,掖县县委创办了油印刊物《红星》,由郑耀南任主编,主要宣传马克思主义和党的基础理论。

继烟台、莱阳、蓬莱、龙口、海阳、掖县建立党的组织之后,烟台市各县的革命者继续播撒革命火种,秘密发展党员,建立党的组织。1931年9月,栖霞县的李子民于12月在栖霞县寨里乡北洛汤村建立了党支部,李子民任书记,李桂洛任组织委员,李干洛任宣传委员,并在北洛汤村建立秘密联络站,李子民兼任站长。

三、烟台党组织的继续发展和中共胶东特委的建立

1932年1月,中共烟台市委改称中共烟台特支。4月,中共烟台特支借刘珍年部队修械所由烟台迁往掖县的机会,派修械工人、共产党员张凤鸣随修械所前往掖县,同中共掖县县委取得联系。张凤鸣传达了烟台特支关于成立特务队、发展党的基干武装、准备武装暴动和安排党员打入国民党内部的意见。为了工作需要,经中共掖县县委书记郑耀南提议和中共烟台特支批准,成立了中共掖县特别支部,张凤鸣任书记,陈子尚任组织委员,鲍健任宣传委员,郭欣农任秘书。掖县县委与掖县特支并存,分别接受中共山东省委和中共烟台特支领导。

2月，海阳县北江村（今属乳山市）人宋竹庭在牟平、海阳两县交界地区发展于俭斋、宋桂平等人入党。中旬，在北江村成立了牟海地区第一个党组织——中共牟海特别支部，宋竹庭任书记。8月，中共山东省委派王心一、鲁自嘉到牟海边区，以中共牟海特支为基础，在海阳县夏村镇（今属乳山市）成立了中共牟海县委，王心一任书记，宋竹庭任组织委员，鲁自嘉任宣传委员。11月，中共牟海县委因组织纪念"苏联十月革命节"活动被敌人发现，国民党海阳县当局逮捕了王心一，宋竹庭、鲁自嘉被迫转移，牟海县委遭破坏。随后，于俭斋、刘经三等又在牟平县第十区老鸦庄（今属乳山市）成立了中共牟平特别支部，继续开展斗争。

5月，中共青岛市沧口区委委员、宋哥庄小学党支部书记共产党员张静源（山东博兴人，1929年入党）因参与领导青岛日本富士纱厂工人罢工被人告密，遭通缉。成功脱险后，经中共山东省委同意，张静源被介绍到了莱阳，并很快与莱阳地下党员接上了关系。他展开对莱阳、海阳党组织的恢复整顿工作。7月底，按照省委指示，张静源在海阳县新庄头村刘松山（于寿康）家召开会议，重新组建了中共莱阳县委，张静源任书记，刘松山任组织委员，宋化鹏任宣传委员，宋玉桂、宋云甲、谢明钦、李仲林（战士恕）任委员。莱阳县委重建后，建立了第一、第五两个区委。11月，为加强海莱边区党的领导，张静源在海阳县大黄家村成立了中共海莱特支，张静源兼任书记，宋化鹏、刘松山、孙奭平任委员。海莱特支的建立，为海阳县党组织的发展打下了基础。

1933年1月，中共牟平县委在牟平县十区归仁村（今属乳山市）成立，刘经三任书记，宋绍九、于子聪任委员，主要活动在冯家、水道、黄疃、尺坎一带。

1月底（农历正月初），张静源以回家探亲为名，赴济南向省委汇报了莱海地区党组织的发展及工作开展情况。新成立的山东临时省委按照中共中央"三倍扩大党的组织"的决议精神，指示张静源在莱阳党组织发展的基础上，以莱阳为中心，将党组织向胶东各县发展，待时机成熟即建立中共胶东特委。张静源回莱阳后，按照省委指示精神，偕妻子李淑德去牟平县刘伶庄，与宋绍九取得联系。之后，又与刘经三取得联系，双方经过周密策划，在牟海交界的霄龙寺建立了党的秘密联络站，对外称霄龙寺鸡鸭公司。秘密联络站的任务是印制和保存党的文件，密藏和转送枪支弹药，与胶东各地党组织进行联络。3月，张静源与刘经三在刘伶庄建立了中共胶东特别委员会，张静源任书记，刘经三和刘松山为委员。从此，胶东共产党组织有了统一的领导机构。

7月，中共山东临时省委遭破坏，胶东特委与上级党失掉联系。张静源即北去天津，与中共中央北方代表取得联系。回莱阳后，按北方代表指示精神，在莱阳县水口村成立了中共莱阳中心县委，张静源任书记，刘松山任组织委员，宋化鹏任宣传委员，宋云甲任武装委员，李仲林任青年委员，谢明钦任秘书。

1933年暑假，在莱阳乡师求学的栖霞县共产党员刘学美来到蓬莱县遇驾夼一带活动，宣传革命思想，培养积极分子，并建立了党的小组。7月，因莱阳中心县委遭破坏，招莱特支书记李厚生转移到蓬莱，秘密发展党的组织，并与刘学美取得了联系。同月，河北籍共产党员刘元士来到蓬莱县曲家村，秘密开展革命活动，并成立了蓬莱县第九区革命领导小组，刘元士任组长。

8月，于俭斋、王甫等在牟平县七区午极小学成立了中共牟海特别支部。夏季，栖霞县桃村党员唐文山与李家庄党员李新民，在李家庄小学建立了党组织，唐文山为负责人，并发展了4名党员。

10月，中共胶东特委书记张静源被徐元义杀害，第一届胶东特委遭破坏。

12月，在济南求学的慕湘回到家乡，根据李厚生的指示在蓬莱城里青年知识分子中开展工作。他联络了李慕、孙启昶、张鉴明、王鉴等成立了《尘烟文艺社》，为当时的《蓬莱日报》副刊——《尘烟》周刊撰写进步文章，宣传进步思想。

1934年初，招莱特支委员刘坦（莱阳县人）来到蓬莱城西杏花村，并经李厚生介绍与刘学美取得联系，一起开展工作。又经刘学美介绍，刘坦先后在遇驾夼和兰荫李家、转山李家与贫雇农座谈，发展党员，建立党组织。同年，海阳籍共产党员于采臣也来到蓬莱，在李厚生的安排下，他在蓬莱城里开设了一家杂货店，专门负责接待外地到蓬莱的共产党员。渐渐地，蓬莱县党组织的活动有了新的起色。

在特支的领导下，到1934年初，东到毕郭、孙家庄（栖霞县西边村庄），西到掖县"四大涧"，南到莱阳北部的马连庄，北到招远东北部的西疃补庄，在方圆700多平方公里的范围内，有40多个村庄有了共产党组织。当时这一带被人们誉为"小苏区"。

根据共青团山东省工委的这一指示，胶东特委在莱阳、海阳等县建立了几支小型武装游击队，开展了几次武装斗争。特委书记常子健也曾计划通过发动抢盐斗争扩大为游击运动。但这项斗争刚刚开始不久，9月23日，中共胶东特委委员刘经三、张连珠、李厚生在文登县崮头集宿店时被捕，后转押济南。随后，特委书记常子健去了青岛，本届胶东特委遂告解体。刘经三、张连珠、李厚生被押到济南后，在韩复榘审问时，三人假装并不认识。为了保存力量，刘经三公开承认自己是共产党员，使张连珠、李厚生二人得以具保释放。张、李获释后，立即到青岛找到共青团山东省委，汇报情况并请示今后工作。

冬季，在黄县邢家村扛活的李秉忠农闲时回到了家乡招远县高山洼子村。不久，经同村党员李厚生介绍加入了中国共产党，同入党的还有同在邢家村扛活的李秉成、李秉智。1934年春节后，李秉忠返回黄县，与李秉成、李秉智在黄县邢家村建立了党支部，李秉忠为支部负责人。邢家村党支部建立后，主要做了两项工作：一是成立"穷人会",开展争取长工人身自由的斗争。二是发展党员,扩大党的组织。

1935年1月,获释后的张连珠、李厚生继续组织和领导胶东地区党的工作。他们根据团省工委的指示,于1935年1月在文登县重新组建了以张连珠为书记的第三届中共胶东特委,委员有刘振民、邹青言、曹云章等。新的一届特委成立后,特委书记张连珠便到荣成县寻山一带组织发动群众,开展抗租、抗债、抗高利贷的斗争。

第三届中共胶东特委成立后不久,团省工委便于4月27日遭到破坏,胶东特委与上级党组织失去了联系。在失去上级领导的情况下,胶东特委仍然按照团省工委关于举行武装暴动的指示,加紧进行暴动的准备工作。

4月,牟福边区委创办了秘密刊物《新路》,主要刊登有关暴动的指示和宣传文章,进行宣传发动工作。七八月份,胶东特委在荣成县石岛党的地下联络站——新亚药房举办了为期两周的军政训练班,为发动武装暴动培养了一批骨干力量。训练班结束以后,胶东特委领导成员分别到文登、荣成、海阳、牟平等县做暴动的宣传发动和准备工作。为解决暴动武器问题,特委派人设法购买并安排王亮负责制造土炸弹。

11月18日,胶东特委在文登县沟于家天寿宫召开扩大会议,这是举行暴动前的一次关键性会议。参加会议的有张连珠、程伦、刘振民、曹云章、邹青言、张修己、王台、王良弼、于得水等10多人。会上,各县党组织汇报了暴动的准备情况。张连珠分析了国际国内的政治形势,指出暴动的必要性;程伦说明了暴动的时间、组织分工和行动路线等问题。暴动指挥部设在昆嵛山无染寺,由张连珠任总指挥,程伦任副总指挥。暴动队伍的番号为"中国工农红军胶东游击队"。暴动分东西两路行动,东路是文登、荣成,由张连珠和刘振民负责,进攻的重点是石岛;西路是海阳、牟平,由程伦、曹云章和邹恒禄负责,进攻的重点是夏村。东路暴动队伍编为三个大队,一大队由丁树杰任大队长、王台任政委；二大队由王良弼任大队长、张修己任政委；三大队为特委的直属大队，于得水任大队长、刘振民任政委。西路暴动队伍编为两个大队，由曹云章、邹恒禄、张贤和等负责在牟平县拉起一个大队；由程伦等负责在海阳县拉起一个大队，计划在驻夏村的国民党海阳县三区区中队的兵变队伍的配合下，合攻夏村，而后东进，与东路会合，攻打文登城。会议结束之后，由于准备工作不充分，特别是派出去购买子弹的人员逾期未归，胶东特委决定暴动时间推迟三天，原定于11月26日（农历十一月初一）调整为11月29日（农历十一月初四）举旗暴动，俗称胶东"一一·四"暴动，就此，诞生了中国北方沿海及山东省硕果仅存的红军队伍。

"一一·四"暴动指挥部遗址

1935年11月29日拂晓，武装暴动全面展开。东路第三大队大队长于得水等9人装扮成打官司的群众，混入人和镇公所，缴了敌人的枪，然后同政委刘振民率领的大队人员会合，树起大旗在大街上进行宣传。鹊岛盐务局和黄山、高村区公所的人员闻讯逃窜，于得水率队追击，缴获长枪56支、子弹2600余发、大刀50把、刺刀30把以及部分土枪。

29日晨，东路第一、第二大队集结于孔格庄，等候第三大队来送武器。直到傍晚时仍不见第三大队归来，总指挥张连珠遂决定改变计划，第一、第二大队转赴离文登城较远且便于开展游击活动的昆嵛山区分头活动，打击敌人。第一大队奔袭了郭格庄，活捉了国民党镇长，尔后进入昆嵛山东的南汪疃；第二大队直接北上，袭击了郝家屯、截山等村的地主武装，缴枪50余支。

12月5日晨，张连珠、张修己等率第二大队到达底湾头村，召开群众大会，把地主家的粮食分给贫苦农民。11时许，国民党军第八十一师展书堂部和文登县地方武装共2000余人包围了底湾头村，与第二大队展开激战。第一大队闻枪声前往增援。于得水得知第二大队被包围的消息，率第三大队直奔底湾头村。当队伍行至潘格庄一带时，突遭国民党文登县保安队及盐警300余人的伏击，伤亡较大，第三大队遂转入昆嵛山区。第一、第二大队与敌人激战至下午1时许，第一大队大队长丁树杰等多人牺牲。张连珠在掩护队伍突围时因哮喘病发作不便行动而被俘。

西路暴动分别在海阳和牟平两县举行。海阳起义队伍由程伦率领，于11月28日晚集结于夏村附近，准备与国民党海阳县三区区中队长中共地下党员唐维兴发动海阳县三区区中队哗变的队伍里应外合，攻打夏村区公所。但因情况突变，唐维兴因叛徒告密而被捕入狱，民团哗变未成。

牟平起义队伍由曹云章、张贤和率领，于11月29日在柳树村开始举行暴动。12月1日，两支起义队伍在松椒村会合。2日下午召开会师大会，宣布成立海阳、牟平两个大队，并决定到青山山区开展游击战争。大会尚未结束，突遭国民党军第八十一师展书堂部千余人的包围。暴动队伍仓促应战，因人数和武器装备同敌人相差悬殊，又缺乏战斗经验，队伍很快被打散。张贤和、柳芳斋等10余人牺牲，程伦、曹云章等被捕，西路暴动也告失败。

四、理琪到胶东从事党组织的恢复工作

"一一·四"暴动失败后，于得水率领突围的20余名队员转入昆嵛山。与此同时，王亮也率领一大队十几名突围队员转移到昆嵛山北。当月，在幸存的特委委员刘振民、邹恒禄的主持下，进山的两部分队员会合，以暴动时的游击队为基础，成立了一支30余人的昆嵛山红军游击队。

暴动失败后，胶东大地一片白色恐怖，国民党军队、民团对暴动群众疯狂地进行清剿、逮捕、屠杀，中共胶东特委主要领导惨遭杀害，胶东党组织，特别是牟平、海阳两县的党组织遭到重大破坏。

1936年1月，共产党员理琪（原名游建铎，河南省太康县人，1925年加入中国共产党，1934年在上海从事党的秘密工作）经共产党员邓汝训（文登县西子城人）介绍，从上海来到胶东，从事党组织的恢复工作，于4月在文登县沟于家村成立了中共胶东临时特委，理琪任书记，刘振民、邹青言等任委员。中共胶东临时特委成立后，创办了《真理报》，由理琪任主编，王台负责刻印，先后出版了5期。理琪为了恢复发展胶东党组织，总结"一一·四"暴动的经验和教训，深入基层做了大量的调查研究，于6月亲自撰写了对胶东党组织的发展影响深远的《中共胶东特委给各级党同志的一封信》。

10月，根据中共中央北方局的指示，胶东临时特委改为胶东临时工作委员会，理琪任书记，吕志恒任副书记。

12月10日，中共胶东临时工委创办了党内刊物《战斗》。同月29日，由于叛徒刘忠善告密，驻烟台的中共胶东临时工委机关遭到破坏，工委书记理琪和组织委员邹青言、委员李厚生等6人被捕，并被押往济南。

1937年2月，中共胶东临时工委机关由烟台迁往威海，工委领导成员作了调整，吕志恒任工委书记，委员有柳运光、张修己、李紫辉

等，隶属中共中央北方局。吕志恒去威海后，不再担任烟台工委书记，李丙令为烟台党组织负责人。

第三节 抗日战争时期

一、中共胶东特委发动天福山起义

1937年7月7日，日本侵略军向北平附近卢沟桥的中国驻军发动突然进攻。9月23日，蒋介石被迫接受了共产党的建议，承认了共产党及人民军队的合法地位。至此，以国共两党为主体的全国抗日民族统一战线正式形成。全国抗日战争爆发后，中共山东省委结合山东的实际情况，于9月制定了发动抗日武装起义和组织抗日武装的10条纲领。省委还制定了分区发动抗日武装起义的计划，并请求中央和北方局派一批红军干部和抗日军政大学学员到山东帮助组织抗日武装。

1937年9月，共产党员于眉受中共中央北方局派遣，回家乡蓬莱县开展党的工作，建立了以于眉为书记的中共蓬莱县支部，11月成立中共蓬莱县委，于眉任书记。10月，共产党员刘坦被释放后，回到招（远）莱（阳）边区与共产党员田绰永等取得联系，在马连庄（现属莱西市）成立了中共平（度）招（远）莱（阳）掖（县）边区临时委员会，田绰永任书记。10月中旬，中共山东省委在济南召开紧急会议。此时，根据国共谈判达成释放政治犯的决议，被国民党关押在监狱里的共产党员理琪、宋澄、宋竹庭等出狱后，亦被山东省委派回胶东。

11月，原中共海阳县委书记刘仲益和孙铭瑞、孙世堂等获释后回到海阳，找到李桂岩接上组织关系，重新成立了中共海阳特支，刘仲益任书记。

12月上旬，理琪受中共山东省委指派，从济南回到胶东后，在中共胶东临时工委的基础上，重新成立了中共胶东特委，理琪任书记，吕志恒任副书记，特委委员有林一山、张修己、柳运光、李紫辉。12月，共产党员吴青光在与中共山东省委接上组织关系返回莱阳后，召开了党员干部会议，传达了省委对莱阳党组织的指示，并根据省委指示成立了中共莱阳县委员会，吴青光任书记。同月，从狱中返回胶东的宋竹庭、于克恭等人，根据中共胶东特委的指示，成立了中共牟海临时工作委员会，宋竹庭任书记。原有烟台市各县的党组织也都得到恢复和发展。

12月15日，中共胶东特委在文登县沟于家村召开了特委扩大会议，目的是为发动抗日武装起义做准备。会上，理琪传达了中共山东省委在10月中旬紧急会议上提出的关于分区发动群众举行武装起义，在胶东以文登、牟平、莱阳一带的抗日武装为基础成立"山东人民抗日救国军第三军"（以下简称"第三军"）的指示。按照特委扩大会议的决定，中共胶东特委于12月24日在文登县天福山举行抗日武装起义——天福山起义。

12月24日清晨，庄严的起义仪式开始。中共胶东特委书记理琪宣读了党的《抗日救国十大纲领》，传达了中共中央北方局和山东省委关于抗日武装起义的指示，号召一切愿意抗日的人们立即奋起抗战。他郑重宣布："山东人民抗日救国军第三军正式成立！"最后，特委决定：理琪、吕志恒、林一山等特委领导继续发动群众，扩大抗日武装；张修己、张修竹等留在沟于家村联络工作；其余起义人员组成"三军"第一大队，由于得水任大队长，宋澄任政委。

"三军"一大队下辖三个中队，一中队柏永升为队长，张玉华为指导员；二中队邢京昌为队长，王政安为指导员；三中队王洪为队长，刘中华为指导员。人数50左右，大部分是党员。其成员的来源主要有三个方面：大部分是"一一·四"暴动失败后在昆嵛山坚持武装活动的红军游击队队员；一部分是进步的教员、知识分子；三是部分刚从国民党监狱被释放出来的同志。这支队伍对外称为武装宣传队。同时，吸取了"一一·四"暴动失败的教训，特委主要领导人都未参加武装宣传队，这样，即使武装宣传队遭到破坏，党组织核心仍在并能继续领导斗争。特委对一大队提出了五项任务和要求：一是通过武装宣传和斗争，扩大抗日武装，特别是要把过去已脱离家庭或半脱离家庭的同志组织起来；二是动员教师、学生到部队来，充实政工人员；三是对国民党的驻军，则宣传国难当头，联合起来共同抗日；四是对想逃跑的国民党官员，要把他们的武器拿过来，交给人民用来抗战；五是对地主，动员他们有枪出枪、有钱出钱、有粮出粮，抗日为先。

天福山起义及"第三军"第一大队的成立，标志着共产党独立领导的第一支胶东人民抗日武装的诞生，揭开了胶东武装抗日的序幕。

二、牟平雷神庙战斗和掖县玉皇顶起义

天福山起义后，"第三军"第一大队自天福山出发，向西行进，开展武装宣传工作。31日，队伍行至文登县米山乡岭上村时，突然遭到国民党文登县县长李毓英组织的地方武装数百人的包围。为了避免冲突，政委宋澄等29人与之谈判，竟遭逮捕，于得水乘机指挥其余人员突围脱险。李毓英把宋澄等29人绑押文登城后，杀害了金牙三子（乳山市人，原名邢京昌）、王洪、隋原清3人，余者被投入监牢，制造了骇人听闻的"岭上事件"。

"岭上事件"发生后，刚刚成立的"第三军"受到了很大的损失，但中共胶东特委发动抗日武装起义、建立抗日武装的方针和决心没有改变。1938年1月初，林一山找到国民党威海卫行政区管理公署专员孙玺凤商谈抗日，以争取孙玺凤的合作。随后，理琪等也到了威海，一边布置起义事宜，一边继续做好孙玺凤的工作。当孙玺凤同意了理琪提出的条件后，胶东特委决定发动威海武装起义。15日凌晨，各路参加武装起义的人员分别从文登县大水泊、沟于家和威海郊区的羊亭

等地赶来，同威海市区的人员汇合于指定的地点，并配备了理琪与孙玺凤谈判所得到的100多支枪及其他军用物资，组成了一支人民抗日武装。16日，起义部队在威海卫行政区管理公署院内召开大会，理琪发表了重要讲话，他分析了中华民族当前面临的危险，号召大家到农村去发动、组织民众，开展武装斗争，联合一切力量打击日本侵略者，保卫家乡，保卫胶东。当日下午，起义部队向文登县沟于家村转移，后编入山东人民抗日救国军第三军第一大队。威海武装起义的成功，壮大了胶东人民抗日武装力量。

1938年1月19日，胶东特委决定成立胶东军政委员会，理琪任军政委员会主席，吕志恒任军政委员会副主席，林一山任政治部主任。同时，将"第三军"所属部队整编为两个大队和一个特务队。

山东人民抗日救国军第三军成立后进行的第一次战斗，就是奔袭牟平县城，进行雷神庙战斗。2月13日，理琪率三军一大队一举解放了牟平城。战后，部队向南转移，理琪等领导同志在城南雷神庙开会。中午，从烟台赶来的日军海军陆战队百余人包围了雷神庙。我三军干部战士二十余人坚守庙舍，顽强地抵抗着数倍于己的日军，打退了敌人一次又一次的进攻。战斗中，理琪同志不幸英勇牺牲，年仅30岁；特务队长杜梓林也中弹牺牲，林一山、宋澄等同志光荣负伤。现存东厢外窗上的一块面积仅0.8平方米的铁皮雨搭板，上面密布着138个弹孔，庙内现存的石碑、石础上也是弹痕累累。天黑后，日军不敢恋战，带着伤亡五十余人的代价仓皇向烟台方向逃去，我军趁机胜利突围。雷神庙战斗点燃了胶东抗日的烽火，打响了胶东抗战的第一枪。

1938年2月1日（农历正月初二），日军侵占掖县县城。针对汉奸刘子容的阴谋，中共掖县县委发动抗日武装起义，起义时间确定为3月8日夜10点。当日晚，起义各部准时到达玉皇顶。指挥郑耀南下达了武装起义、攻打掖县城、活捉刘子容的命令。各路武装迅速开往县城，把县城团团包围起来。具体分工是：掖县城北武装攻打北门和东门，来自平度县的武装攻打南门，掖县城西武装攻打西门。按照原计划打算让内应打开城门，不料，被刘子容发觉，下令死守城门。内应开城没有希望了，9日上午郑耀南当机立断，决定在军事包围的同时，开展政治攻势。一边组织战士对城内伪军喊话宣传，一边派孙会生、朱开印等捉拿刘子容的家眷作人质。一时间"中国人不当汉奸卖国贼！"等口号四起，伪军开始骚乱了。当刘子容看到朱开印等把他的家眷带到北门城下，立刻瘫倒在地。伪掖县保安队分队长张良臣只得表示伏罪，下令打开城门。起义部队进城后，很快缴了保安队、警卫队的枪，占领了伪县政府和公安局，救出了王瀛洲，活捉了刘子容。上午10点，起义军一枪未发，宣告掖县城解放。

起义胜利后，"民动"领导召开会议研究部队建设、政权建设等重大事宜。会议决定，将"民动"更名为"胶东抗日游击第三支队"（简称"第三支队"），郑耀南任支队长，周亚泉任副支队长，李佐长任机要秘书。支队部按照旧军队编制设立8大处。支队部以下成立11个大队，支队部还设立特务、侦察、通讯和盐警等直属大队。到4月底，在不到两个月的时间里，第三支队就发展到三千七八百人枪，成为当时胶东最大的一支抗日武装力量。

8月12日，根据山东省委指示，山东人民抗日救国军第三军与胶东抗日游击第三支队合编，撤销"第三支队"番号。第三支队大部编为"第三军"第六十二团，郑耀南任团长，其余一部编为"第三军"第五十五团。

三、开展反蚕食、反封锁斗争，粉碎日伪军的残酷"扫荡"

1940年5月，成立了北海行署，曹漫之任专员。同年9月和12月，东海专署和西海专署又相继成立，孙端夫、胡亦农分别任专员。至1941年2月，胶东区党委为了统一领导胶东各地抗日民主政权工作，在海阳县城北郭城村成立了胶东行政联合办事处，归山东省战时工作推行委员会直接领导。

1941年至1942年，是中国人民抗日斗争最困难的时期。胶东区党委根据山东分局的指示，领导烟台市人民和地方抗日武装，在山东纵队第五旅、第五支队的支持下，开展了反投降斗争，全力粉碎日军的封锁、蚕食和扫荡，度过了抗战的最困难时期。

1941年1月，国民党蒋介石集团制造了震惊中外的"皖南事变"，掀起了第二次反共高潮。"皖南事变"后，山东顽固派积极呼应，于1941年3月在山东全省发动了所谓"三月攻势"，在烟台市境内的国民党顽固派由政治反共为主转向军事反共为主。针对赵保原、秦毓堂之流在胶东的军事进攻，中共山东分局、八路军山东纵队发出指示，要求胶东区的山东纵队第五旅、第五支队组织自卫反击，保卫胶东抗日根据地，并调山东纵队第三旅旅长许世友率清河独立团进入胶东，成立了以许世友为指挥、林浩为政委、吴克华为副指挥的胶东反投降指挥部，统一指挥这次反投降战役。

历时5个月的反投降战役共歼灭顽军近2万人，打败了以赵保原为首的"抗八联军"对胶东抗日根据地的进攻，极大地削弱了胶东顽固派的军事力量，巩固了大泽山、昆嵛山根据地，恢复了牙山根据地，打通了胶东根据地东西的联系，使胶东根据地连成一片。

1942年5月，山东纵队胶东区部队同胶东国民党投降派主力、暂编第十二师赵保原部在莱阳五龙河畔进行了反投降作战，即五龙河战役。从4月20日至5月21日，山东纵队第五旅、第五支队部队击溃了赵保原部第一团、第三团、第四团和保安团。五龙河战役给赵保原以深重打击，从此赵保原主力再也不敢向西进犯了。

日军在胶东区推行的"蚕食"政策，是其破坏胶东抗日根据地、摧毁胶东抗日武装力量的重要策略之一。为了粉碎日军的蚕食政策，中共胶东区委和胶东军区贯彻山东分局指示，坚持"敌进我进"的方针，采取"分区坚持、互相配合"的战术原则，在根据地边沿地区大力开展反"蚕食"斗争。1943年2月，烟台市各地利用春节这一有利时机，向日伪军发动了强大的政治攻势，分化、瓦解敌人，阻止了日军"蚕食"政策的推进。

日军在胶东推行的封锁政策，是其破坏胶东抗日根据地、摧毁胶东抗日武装力量的另一种策略。在胶东军区主力部队的支持下，烟台市各级党委、政府还发动群众开展灵活多样的、大规模的反封锁斗争。为了粉碎日军的军事封锁，烟台市各县通过截获运输车辆、包围敌人据点、破坏公路和桥梁等方式缴获了许多枪支弹药。为了粉碎日军的经济封锁，开展了强有力的宣传工作，揭露敌人进行经济封锁和经济掠夺的阴谋，教育群众不资敌、不卖战略物资给敌人。1942年9月，胶东区党委决定采取排挤法币（国民党政府发行的纸币）、伪币，维护北海币，建立北海币市场的方针，同日伪开展了货币斗争。1942年至1943年普遍开展了大生产运动。

日军在胶东区推行"蚕食"、封锁政策的同时，还多次发动了残酷的、大规模的军事"扫荡"。日军推行的"扫荡"政策，是其企图摧毁胶东区抗日根据地，消灭胶东抗日武装力量的最毒辣、最凶残的策略。为了粉碎日军的扫荡，中共胶东区委制定了坚持边沿区斗争、制止敌人蚕食推进的方针。其具体的部署是：山东纵队第五旅十三团以大泽山区为基点，坚持在平、招、莱、掖地区与敌人周旋。十五团除二营坚持牙山外，主力撤至莱招、海莱边区打游击。第五支队分散活动于昆嵛山区。各路部队根据"保存实力，适时转移，缩小目标，分散活动"的原则，寻机歼敌。

烟台市各县军民，为了战胜抗战相持阶段的严重困难，巩固抗日根据地，从1942年开始，根据中共胶东区委关于开展对敌政治攻势的指示，在加强军事斗争的同时，在不同地区区别不同对象，采取不同方式进行政治宣传，收到了很好的效果。

在北海区，1943年2月初，中共黄县县委开展了一次年关（春节）政治攻势。利用春节期间，组织武装宣传队，深入敌占区召开村民大会，散发坚持斗争、抗战必胜的传单。1943年，为了摧毁伪政权，扩大解放区，巩固抗日民主政权，中共胶东区委发出指示，要求各级党委做好对伪组织人员的教育、训练工作。1944年1月至5月，胶东区党委指示莱阳县委和莱东县委，将两县境内敌占区、顽占区的伪乡长、伪保长400余人，在地方武装保护下，集中起来送到胶东区党委和胶东行署所在地——牟海县的崖子、岛子、青山进行政治训练。在教育、训练伪组织人员活动中，各地还创造了许多卓有成效的好办法。如黄县县委、福山县委、招远县委和招北县委就创造了送"红""黑"灯和建立"红""黑"点记录簿的活动；海阳县、黄县、牟平县开展伪属档案登记、召开伪属座谈会；招北县委于日本的樱花节期间发起"樱花攻势"。

四、根据地的整风运动和减租减息运动

根据全国整风运动掀起的高潮，烟台市各县在胶东区党委和各海区地委领导下，根据抗战的具体形势，采取集中和分散相结合的方式进行整风运动。

中共胶东区委和各地委的整风运动，大体可分为三个阶段：1942年5月至1943年5月为第一阶段，主要是成立整风领导机构，认真学习整风文件，进行自我思想检查。1943年5月至1944年9月为第二阶段。主要是把整风运动与实际工作密切结合起来继续进行整风学习，设立整风学习班，开展了以反省坦白为主要形式的审干工作。1944年9月至1945年6月为第三阶段。在结合各项工作和准备全面反攻中，结束了整风运动。1942年至1945年开展的整风运动，是一次系统的马克思列宁主义理论学习运动。整风运动为开展全面大反攻、夺取抗日战争的全面胜利奠定了思想基础。

减租减息，是抗日战争时期中国共产党在广大农村为解决农民土地问题实行的一项基本政策。烟台市各县开展的减租减息运动也取得了非常喜人的效果。

1940年7月，《大众报》发表了《怎样进行减租减息的工作》的文章，传达了胶东区党委关于开展减租减息工作的方针政策，并对这项工作提出了具体的指导意见。1941年1月，山东省参议会公布了减租减息的暂行条例。1942年5月，山东省战时工作推行委员会（简称山东省战工会）根据中共中央通过的《关于抗日根据地土地政策的决定》，又颁布了租佃暂行办法和改善雇工待遇暂行办法。6月13日，召开减租减息讨论会。7月，组成胶东区减租减息工作团，分赴牟海县十区及牟平县的垛山区进行试点。通过试点，实行了"二五减租"，取消了高利贷，降低了贷款利息，并将取得的经验在全区抗日根据地推广。1944年至1945年，烟台市各县又进行了减租减息和查减工作。

1944年，在烟台市境内的胶东军区主力、四个军分区的独立团和各县的独立营，在胶东区党委和胶东军区的统一指挥下，互相配合，互相支持，发动了春、秋两季攻势作战，取得了重大胜利。

1945年8月15日，日本政府宣布无条件投降，而驻山东的日伪军却根据蒋介石的命令，拒绝向八路军投降，纷纷向铁路沿线及大城市收缩集中。为此，胶东军区所组成的山东军区第三路前线部队，在前线指挥许世友、政治委员林浩的率领下，从8月16日开始，分为东、西、南、北四线，同时向拒不投降的日伪军发起攻击，展开了全面大反攻。

在烟台市地下党组织和烟台市人民的配合支持下，沦陷八年之久的烟台市遂被八路军彻底解放。

第四节 解放战争时期

1945年8月13日,毛泽东主席在延安干部会议上作了《抗日战争胜利后的时局和我们的方针》的讲话,科学地分析了抗日战争胜利后时局发展的方向,提出了我党关于争取和平和制止战争的方针。

8月中旬,中共山东分局发出关于争取先机的指示。指出:国民党正在与我争夺胜利果实,如我犹豫迟疑,必然丧失时机,招致不利情况。因此,我们一切部署必须争取先机,服从前线需要,迅速迫使日伪军向我投降,控制中心城市及交通要道,并准备应付国民党的内战阴谋。

9月10日,胶东区党委书记林浩根据派出先遣队的汇报,致电中共山东分局和中共中央,根据东北开展工作的情况,建议中共山东分局速派干部和部队由胶东去东北,以争取时机,更好地完成开辟东北解放区的工作。9月中旬,中共中央又对中共胶东区委发出指示:为防止美国军舰在烟台、威海登陆,要求烟台、威海的船只速作准备,把船只集结到沿海小港口,以免被扣,妨碍向东北运兵计划的实施。为保证海运安全,许世友指挥胶东军区部队,解放了崆峒岛和内长山列岛,控制了渤海海峡,并在各岛上设立兵站,屯集粮草,形成了由山东向东北进军的可靠海上通道,从而保证了海运的安全和部队的供应。

一、粉碎美军在烟台登陆的阴谋

正当山东军区部队渡海北上、开辟东北解放区之际,美国政府为了帮助国民党政府抢占抗日胜利成果,1945年8月29日,美国太平洋舰队司令尼米兹宣布,美军将在中国沿海之青岛、龙口、烟台、威海等地登陆。9月11日,美国海军第七舰队在青岛登陆,公然直接插手中国内战,并扬言继续北上。9月中旬,中共山东分局获悉,美军企图乘舰在烟台登陆。为此,中共山东分局电示胶东区党委,派专人到烟台做外交工作,以配合军事斗争,守住烟台。胶东区党委根据中共山东分局的指示,即派胶东区党委统战部部长于谷莺到烟台任胶东行署外事特派员兼烟台市代理市长。于谷莺到烟台后,根据上级指示立即展开工作,成立了胶东行署外事办公厅,组织学习我党有关对外政策的文件和联合国的有关宪章和协定,明确了抗日战争胜利后国际国内的形势、面临的任务和中共中央的"不排外、不媚外、不主动开枪,但也不丧失民族立场"的人民外交方针,研究分析了美军到烟台的企图和可能采取的手段,酝酿斗争的策略。

9月27日,中共中央给山东分局和胶东区党委书记林浩的指示中指出:美军有即在烟台、威海、秦皇岛登陆的消息。延安已就此向美军驻延安观察组询问,并已告知该地为我军占领,已无敌人,请其不要登陆,免干涉内政之嫌。并指示,如美军登陆之事发生,我军应表示坚决拒绝,建筑工事,实行抵抗。

10月1日,为抗议美军入侵烟台海面,烟台代市长于谷莺登舰与美国第七舰队两栖特遣队先遣队司令官赛特尔少将进行谈判,阐明我方拒绝美军登陆的严正立场。8日下午,烟台市党政军民在南操场召开了3万人的群众大会,抗议美军登陆。大会自始至终群情激愤。群众不断连声高呼:"反对美军干涉中国内政!""坚决保卫人民的胜利果实!""坚决拒绝美军在烟台登陆!""侵略者滚回去!"等口号。会后进行了声势浩大的游行。游行队伍经过东海岸时,群众对着停泊在海面上的美国军舰挥拳高喊:"美国人敢登陆,就把他揍回去!"为促使美舰早日撤离,胶东军区还决定在美舰停泊的海域附近进行不定期的岸炮射击演习,以示警告。9日,美军增派的军舰被迫撤离烟台海域。10日,美方在重庆发表公报说:"美军将不在中国共产党所占领的烟台登陆,因该港已由中国共产党领导下的军队控制。""烟台港已没有警察,秩序良好,该地已无日军、战俘和美国拘留民。目前,美军已没有任何军事理由在烟台登陆。"10月17日,美军舰驶离烟台。

二、处理烟台二中事件和杨禄奎事件

1947年4月29日,联合国善后救济总署(简称"联总")驻烟美籍职员巴尔格及卢布利克驾驶一大型拖拉机去一德籍侨民住处,停车于烟台二中门前(校址在原水产学校处)。二中几名年幼学生,出于好奇心,伸手抚摸车轮。这两个美国人看见后,气势汹汹,挥拳便打。学生党湖忠、王树盈被连击数拳;二中工友李振喜上前阻挡,亦遭毒打。这时,二中学生和路过此地的市民数十人把殴打学生的两个美国人团团围住,严厉斥责:"在解放区不准打人!""这里不是蒋管区!"并欲扣留他们的车辆。巴尔格、卢布利克见势不妙,趁二中校长刘仲璜安抚学生之际,慌忙驾车溜掉。"联总"驻烟办事处两名美籍职员的暴行,引起全市学生及工人之激愤。5月1日上午10时,姚仲明市长代表市政府与"联总"驻烟办事处负责人、山东区农业主任汤浮德在烟台山下外事办公厅举行外交谈判。汤浮德表示深感自己僚属殴打学生之行为违犯烟台民主政府之法令,愿意接受学生及工人提出的抗议和要求。当日下午3时,在烟台二中操场举行的2000余人的大会上,汤浮德向全市学生和东山区工人郑重道歉,表示今后不再发生此类事件,并感谢姚市长调处适当。这就是著名的"烟台二中事件"。

5月,烟台二中学生被殴事件刚平息,烟台人民又进行了一场维护解放区的人权和民族尊严的外交斗争。5月23日下午5点40分左右,人力车夫杨禄奎自大马路东边的森林路引车北行,突遇联合国善后救济总署驻烟办事处美籍职员史鲁域琪驾驶的一辆中型吉普车飞驰而来，在杨禄奎躲向路边已无处躲避的情况下，吉普车仍不减速，眼睁睁地将杨禄奎连车带人撞倒在地。顿时，杨禄奎后脑被撞破裂，脑浆溢出，惨不忍睹。肇事后，美籍驾驶员史鲁域琪见死不救，妄图驱车逃逸，幸被我同胞所阻，他才将杨禄奎送到附近医院抢救。但因伤势严重，杨禄奎于当晚死去。事件发生后，史鲁域琪拒不认罪，"联总"驻烟办事处负责人也百般抵赖，激起了全市人民的极大愤慨。工人、学生等各界人士纷纷集会、游行和抗议，强烈要求政府严惩凶手，要求赔偿损失、抚恤死者家属和安葬死者。在全市人民的坚决支持下，姚市长同李普尔进行了有理有利有节的谈判斗争，最后迫使"联总"代表接受了全市人民的正义要求，于5月26日举行追悼大会和送殡仪式。这就是"杨禄奎事件"。

三、开展土改复查运动和"三整三查"整党运动

自1946年6月至1948年10月，国民党反动派在向胶东区发动的全面进攻和重点进攻的主要战场都是在烟台市境内，国民党军队在1947年曾一度占领了烟台各县县城。烟台市各县军民积极支援胶东主力部队，先后发起了掖县粉子山战役、沙河战役、掖县保卫战、招远道头阻击战和莱阳战役，取得了保卫胶东解放区的伟大胜利，也为全国解放战争的胜利发展作出了重大贡献。

为了贯彻中央"五四指示"和华东局高干会议精神，1946年7月，胶东区党委在莱阳城东吴格庄召开县委书记、县长和各救会会长会议，认真学习讨论了中央"五四指示"和华东局会议精神，对如何贯彻执行"五四指示"作了部署。8月，各级党委深入发动群众，组织无地少地的贫苦农民开展诉苦、算账、对比活动，使广大农民认识到封建剥削制度的罪恶和搞好土地改革的重大意义，进一步提高了贫苦群众的阶级觉悟。9月，全区土改运动形成高潮。烟台市各县积极响应中共中央的号召，发动群众开展了土地改革运动。1946年7月

份,黄县、龙口、海阳、掖县、掖南、招远、招北等县首批开始进行土改。8月份,牟平县开始进行土改。烟台市各县土改运动的全部过程,都是在反对国民党军队的进攻中进行的,与支前、参军及发展生产等任务紧密交织在一起。

1947年2月至12月,烟台市各县在前段土改的基础上,根据中共华东局的指示,又开展了大规模的土改复查运动。烟台的土改复查运动大体上分为两个阶段:2月至6月为第一阶段,即贯彻华东局"二二一指示"、纠正所谓干部的"富农路线"阶段;7月至12月为第二阶段,即贯彻华东局"七七指示","填平补齐,贫雇农大翻身"阶段。

但是,在土改复查运动中出现了严重"左"倾错误。1948年夏季,胶东区党委召开地委、县委会议,学习贯彻中共中央1947年12月在陕北召开的十二月会议精神和《中国土地法大纲》,重新对胶东区土改工作进行总结,特别是对土改复查中的"左"倾错误进行了批评。至此,全区土改复查中危害极大的"左"倾错误才得以纠正。

1947年10月至1948年7月,烟台市各县党组织根据中共华东局的指示,开展了以"三查三整"为内容的整党运动。在整风运动中,发现许多党组织特别是农村基层党组织中存在思想作风不正、成分不纯等问题。为了很好地解决这些问题,开展好党的各项工作,根据中共中央关于结合土改进行整党的指示,1947年10月30日,华东局召开了驻渤海区各机关部门的高级干部会议,形成了《关于贯彻高干会议精神及具体执行三大方案的决定》。《决定》要求,结合土改和三查三整(查阶级、查工作、查斗志、整顿组织、整顿思想、整顿作风)开展整党运动,反对贪污浪费,反对山头主义、本位主义、官僚主义,并肃清地主富农思想。烟台市各县"三查三整"运动,是同落实"三大方案"(即精简编制、调整供给、清理资财)同步进行的。

四、发动参军运动支援战役，烟台全境解放

为了源源不断地向胶东主力部队输送有生力量，及时地补充、更新兵源，烟台市各县县委和县政府遵照胶东区党委的指示和上级确定的"土改复查、参军支前、发展生产密切结合"的工作方针，在一面同国民党军队作战，一面抓紧进行土改、复查、组织发展生产的同时，从1945年10月至1949年春季，先后发动了五次大规模的参军运动。综合这五次参军运动，烟台市各县共有20万名青年参加了人民解放军。

烟台市各县人民的支前工作，在解放战争初期，因为胶东军区部队同国民党军队的战斗是在胶东区内进行，所以在1947年以前，主要是由烟台市各县组成的子弟兵团随军参战、支前。从1947年初开始，随着解放战争形势的发展，烟台市各县按照上级的指示，组成了担架队、小车运输队、大车运输队，跟随华东解放军进行长途支前，真正做到了"解放军打到哪里，民工就支援到哪里"。烟台市各县人民为了支援解放战争，根据胶东战场、山东战场和华东战场形势的发展，从1946年下半年到1949年9月的四年中，曾多次组织大批支前民工随军支前，主要包括支援鲁南战役和孟良崮等战役、支援潍县战役和济南战役、支援淮海战役、支援渡江战役和沪杭宁战役等。

在解放军的英勇反击中，烟台市许多县城得到了解放，国民党军队已无还击之力，只孤守在福山县城、烟台市区和长山岛中。1949年2月，烟台解放后，烟台市委、市政府先后接待了国民党海军"201号"扫雷艇和"重庆号"巡洋舰起义舰艇。烟台解放后，烟台市境内只有长山岛还被国民党海军占领着。在中共中央和华东局的领导下，长山岛战役经过精心策划、充分准备，于8月11日正式打响。通过各方努力，长山列岛全部解放。至此，烟台市全境完全解放。

1949年9月，烟台市各县人民在努力发展工农业生产，恢复和发展各项社会事业，全力生产救灾、抗击强台风袭击的斗争中，迎来了中华人民共和国的成立。10月1日，首都北京30万军民在天安门广场集会，隆重举行开国大典。毛泽东主席庄严宣告：中华人民共和国成立了。消息传来，烟台全市人民欢欣鼓舞，在县、市驻地普遍举行盛大的群众集会和游行，欢乐的群众载歌载舞，欢庆中华人民共和国的诞生！2日，烟台各界人士3万人在南操场举行庆祝大会。牟平县和栖霞县城乡各界群众也于2日晚举行数千人参加的提灯晚会。掖县、莱阳、黄县、招远、蓬莱、福山、海阳等县和长山岛特区的各界群众，连续两日举行各种集会，庆祝新中国的诞生和中央人民政府的成立。中华人民共和国的成立，标志着中国新民主主义革命已取得伟大胜利，中国人民从此站起来了，烟台人民同全国人民一道，欢呼中国历史进入了一个伟大的社会主义新时代！

第三章　胶东英雄儿女

中国的革命是一场波澜壮阔的历史史诗，胶东红色文化就锻造于这段"腥风血雨"中，铸就了胶东红色文化的是那一个个鲜明的人物、一颗颗鲜活的灵魂和一种坚韧的革命精神。现在我们就走近这些体现了担当、无畏、坚韧、创新等诸多精神的胶东历史英雄，从他们身上感受斑驳的岁月，体味红色精神。

一、理琪

理琪（1908~1938），原名游建铎，河南省太康人。中共胶东特委书记，天福山起义的主要组织者和领导人，山东人民抗日救国军第3军司令员兼军政委员会主席。

理琪1908年出生于河南省太康县游建庄村的一个地主家庭里。1924年，16岁的理琪离开了太康县，到开封一所中学去读书。在这里，他不仅刻苦读书，而且关心国家大事。每到课余时间，他就到图书馆去翻阅各种报纸杂志，因此，对中国当时的政治形势了解得越来越多，也更加痛恨封建军阀的祸国殃民的行为。

1928年他加入了中国共产党。入党后，理琪便离开了学校，回到家乡开展革命斗争。根据党的统一战线方针，他参加了太康县国民党党部的筹建工作，积极发动和领导广大群众开展反帝反封建的斗争。

1934年是国民党统治极为猖獗的时候，理琪肩负着党的重任，被派到上海从事地下工作。由于党在上海的地下组织和工作机关多次遭到敌人的破坏，1935年下半年，理琪和组织失去了联系。1936年春，他几经周折，终于找到了党组织，由中共河南省委介绍，辗转到了胶东地区，担任党的领导工作。

理琪来到胶东后，住在文登县沟于家张修己家里。他听取了中共文登县委的情况汇报后，脱去长衫，穿上农民的服装，深入群众了解情况，着手恢复党的各级组织，重新聚集革命力量。

理琪着手在胶东整顿党的组织，成立了新的胶东特委，并被选为书记。他与临时特委的其他同志认真分析了当时胶东斗争的形势，总结了过去的经验教训，并针对实际情况采取了恢复和发展革命力量的一系列措施，很快把各县的组织又重新恢复起来。根据中共中央北方局的指示，成立了中共胶东临时工作委员会，理琪任书记。

1936年12月，由于叛徒的出卖，临时工作委员会机关遭到了破坏，理琪也不幸被捕。1937年7月7日，卢沟桥事变爆发。在中国共产党的努力下，抗日民族统一战线已正式形成。经中共代表张经武与国民党山东当局多次交涉，迫使其不得不以"停止羁押"的名义，让政治犯保释出狱。这样，1937年11月，理琪也被党组织派人保释出狱。

出狱后，理琪立即找到了山东省委，他带着党中央和省委的指示，很快又回到了胶东。他根据党中央关于"全国人民、政府和军队团结起来，筑成民族统一战线的坚固长城，抵抗日寇的侵略"的指示和省委关于"在山东发动、组织人民抗战"的指示，积极投入发动群众、组织抗日武装起义的工作。经过认真的讨论，特委决定以"一一·四"暴动后保存下来的武装游击队为基本力量，建立一支由共产党独立领导的胶东人民抗日武装，首先在文登县的天福山举行抗日武装起义。

天福山位于文登城东20多公里的地方，这里地处偏僻，层峦叠嶂，周围群众基础好，胶东特委机关就设在离天福山2里多路的"小苏区"沟于家村。起义的决定作出后，理琪不顾刚刚出狱及长途跋涉后身体的虚弱和疲劳，同特委其他领导一起，紧张地投入到了起义的准备工作中。

1937年12月24日，中共胶东特委的几位主要负责人，在理琪的带领下登上了天福山。他们在山顶的一座大庙里，一边继续研究起义的行动计划，一边等待各路起义队伍的到来。

9点多钟的时候，在山顶庙前的旗杆上，绣着"山东人民抗日救国军第三军"字样的大旗庄严升起，胶东人民抗战的第一声号角吹响了。在起义大旗下，理琪坚定地登上了大庙的台阶，代表中共胶东特委作了激动人心的讲话，他庄严地宣布："山东人民抗日救国军第三军正式成立了！"人们高呼口号，跳跃欢呼。胶东特委把汇集在天福山的武装力量编成"三军"的一个大队。根据原定的行动计划，起义部队立即以武装宣传队的名义，深入到各地去开展宣传活动，以进一步发动组织群众。

天福山起义是中国共产党在山东领导的一次影响较大的抗日武装起义。它的成功，为胶东抗日根据地的开辟和游击战争的广泛开展创造了一定的条件，而理琪则对这次起义作出了重要贡献。天福山起义后，理琪又肩负着新的重任，同其他几名主要负责人到了威海卫，发动和组织了威海武装起义。

威海起义，不但扩大了党和"三军"的影响，而且壮大了武装力量。为了加强党对军队的领导，胶东特委将"三军"整编为两个大队，建立了司令部，并成立了军政委员会，理琪被推任为司令员和军政委员会主席。此后，"三军"在党的领导下和人民的大力支持下，积极开展抗日斗争，为开创胶东抗日根据地和敌后游击战争奠定了基础。

1938年2月初，日军3000多人自青岛沿青烟公路侵占了烟台等地。军政委员会在理琪的主持下，召开了紧急会议，决定首先攻打牟平城，理琪亲率一个大队去执行这一任务。牟平城收复了，敌人的监狱也被砸开了，人们欢呼着庆贺胜利。

战斗全部结束后，部队撤出牟平城。理琪等负责同志带领20多人，在城南三里路的雷神庙停下来休息和研究善后工作。天刚过午，敌人就包围了雷神庙。

雷神庙是一座不大的四合院式的庙宇，有正殿、东西厢房和南大厅，庙门朝南，全是砖石墙。庙外东、南、西三面都是开阔地，北面即正殿，后面紧连着村庄，村后便是通向牟平城的大道，敌人就是从村后向雷神庙迂回包围过来的。下午1点多钟，在庙前站岗的战士发现敌人已接近庙门，当即开枪，并大声向庙内报告。正在南大厅开会的理琪等人，听到报警后，随即抽出匣子枪冲到院子里。这时，庙四周的日军也开了枪，还可以听到日军的喊话声。在这危急的时刻，理琪毫不慌张，他迅速地布置好每个人的战斗岗位，镇定地指挥大家作战。当日军的机枪架到庙门外向里扫射并向庙门发起冲击时，理琪立即喊道："同志们，坚守庙门，沉着应敌，准备突围！"在他的指挥和鼓舞下，敌人连续几次冲锋都被打退了。由于敌人的兵力占了绝对优势，加上火力很强，有几人负伤和牺牲。理琪也身中数弹，血流不止。可是，他根本不把自己的安危放在心上，继续指挥大家战斗，鼓励大家要坚持住，节省子弹，准备突围。他坚定地喊道："同志们，占住墙脚，坚决抵抗啊！我们要准备流最后一滴血！"他那刚毅的身影，不时地在枪林弹雨中穿行，往返指挥战斗。就在这时，又一颗子弹打中了他，他身上流着血，原来他的肠子被打断了。他一手捂着伤口，一手擎着枪，断断续续地向大家喊着："同志们，坚持……节约……子弹！"几个同志赶来照顾他，他却咬紧牙，忍着疼痛，摆摆手，要大家切莫声张，赶快去对付敌人。

战斗一直打到黄昏，被围困在雷神庙里的同志才在赶来支援的部队的配合下，背着负伤的战友，乘着夜色，胜利突围了。但深受群众爱戴的、党和人民的优秀儿子、忠诚的共产主义战士理琪却献出了他宝贵的生命，年仅30岁。

雷神庙战斗给了侵略胶东的日军以沉重的打击。雷神庙"三军"抗击日军的英雄事迹很快传遍了胶东各地，极大地鼓舞和坚定了胶东军民争取抗战胜利的决心和信心。

理琪虽然牺牲了，但是胶东军民踏着烈士开创的道路在继续前进着。"三军"在斗争中不断壮大和发展。1938年9月，奉上级命令，"三军"改为"山东人民抗日游击第五支队"。从此，这支抗日武装在党的领导下更加壮大，勇敢顽强地战斗在抗日的战场上。

为了纪念理琪，1945年11月，党和人民政府把他的遗体由文登县崔家口村迁葬英灵山革命烈士陵园内。

1962年，郭沫若在为纪念理琪的题诗中写到：

　　　　天福英雄是理琪，献身革命国忘私。
　　　　当年猛打雷神庙，今日高标星宿旗。
　　　　万代东风吹海隅，一方化雨仰宗师。
　　　　文登多少佳儿女，接力还须步伐齐。

这首诗歌颂了理琪的英雄事迹，表达了人民的心声。

二、宋澄

宋澄（1910~1941），原名宋锡奎，又名宋久山，化名刘文山，1910年出生于山东省文登县一个农民家庭。少年求学期间接受了孙中山的三民主义思想，后来，他怀着救国救民的愿望加入了国民党。

1928年，国民党在文登的活动公开后，宋澄到文登县农民协会任干事，组织建立基层农民协会，进行民主、民权斗争。1930年，宋澄考入烟台省立八中。在学校里，他接触到共产党地下组织，接受了共产主义思想，并在同年先后加入了中国共产主义青年团和中国共产党。不久，宋澄受党组织的派遣回到家乡，以国民党员的公开身份到县党部任青年干事，并秘密从事中共的地下工作。在此期间，他以"侦缉不法分子"为名，深入到工厂、学校、邮局和农村，宣传党的主张，发展党的组织。1931年"九·一八"事变后，宋澄和文登中学进步教师钟平山等人成立了"三一读书会"，宣传共产党抗日救国的政治主张。

1933年3月，共青团山东省委遭到破坏。中共北方局派宋澄到济南任共青团省委书记。7月2日，由于叛徒告密，省委机关遭到破坏，宋澄不幸被捕。宋澄在狱中遭到敌人的酷刑折磨，但他坚贞不屈，勇敢斗争。他还在狱中主持编写了《难友》，鼓励大家坚持斗争，迎接中国革命胜利的曙光。

1937年，七七事变后，抗日战争全面爆发，国共再度合作，同年10月，宋澄获释出狱。出狱后，他与中共山东省委书记黎玉取得了联系，接受了回胶东发动武装起义的任务，并将省委的指示信带回胶东。10月15日，宋澄参加了中共胶东特委会议，在理琪的主持下，根据中共山东省委的指示，具体研究了武装起义的问题。会后，宋澄和特委立即展开了武装起义的组织准备工作。1937年12月24日，理琪、林一山、宋澄等人在文登天福山领导了武装起义，创建了山东人民抗日救国军第三军一大队，于得水任大队长，宋澄任政委。

起义后，宋澄和于得水带领一大队西上进行抗日宣传。部队每到一村，宋澄都亲自向群众演讲，并组织贴标语，教唱抗日歌曲，发动群众起来抗日，壮大抗日武装力量。"三军"声威大震，国民党伺机向这支抗日武装力量施压。12月31日，宋澄带领"三军"一大队到达岭上村时，突然遭到国民党文登县县长李毓英的县大队、保安队等500余人的包围。宋澄晓以民族大义，高喊："中国人不打中国人！""地无分南北，人无分老幼，抗日救国，人人有责！"李毓英谎称要与"三军"一大队进行谈判。为了避免武装冲突，保存抗日武装力量，宋澄临危不惧，挺身而出，与其谈判。结果李毓英背信弃义，将宋澄逮捕，"三军"一大队的战士们英勇抵抗，终因寡不敌众，被抓去20多人。宋澄等人被押到文登监狱，20天后，宋澄等人寻机越狱逃出。

1938年2月5日，日军占领了牟平城。为了打击日军气焰，鼓舞抗日斗志，第三军冒着刺骨的寒风奔袭牟平城。经过一个多小时的激战，攻克了这座号称"铁宁海"的县城，共俘虏日伪军100多名，缴获枪百余支，把日军刚刚扶植起来的汉奸政权彻底摧垮了。

第二天上午，大队人马携带战利品向特委驻地沟于家转移。理琪、林一山、宋澄等领导和机关人员来到了距县城不远的雷神庙。正在他们共庆胜利时，突然有人大喊一声："鬼子!"

同志们抬头一看，一群日军正向这里扑来，为首的几个已接近庙门。原来，就在一大队攻打牟平时，驻烟台的日伪军300余人闻讯赶来增援，敌人在牟平扑空后，在其飞机的侦察下，很快跟踪到这里。这时，敌人开火了，枪弹在天井里乱飞，日军鱼贯而入。"打!"宋澄举起驳壳枪射击，敌人的机枪手应声倒下。与此同时，同志们一齐向敌人射击，将进庙的日军全部消灭。日军虽然数倍于我，但由于庙院较小，敌人每次冲进来不多，而且宋澄等人在暗处，敌人在明处，因此日军伤亡很大。日军头目眼看着他们这么多的兵力被我方较少的人打得进不了院内，伤亡惨重，他气急败坏地举起指挥刀，发疯似地逼着败退下来的日军继续往里冲。结果，几次冲锋都被击退，敌人一片一片地倒下去。

天近黄昏，敌人发起了第七次冲锋。由于子弹将尽，火力不足，东面的庙门终于被日军撞开。躲在门后的宋澄手起刀落，只见两颗日军人头同时落地。

天黑了，敌人放起了火。火苗四起，浓烟滚滚，与夜幕交织在一起，使人对面不见人影。宋澄把大家集合到院子里，低声交待："现在趁天黑谁也看不清谁，任何人不准开枪，迅速冲出，抓紧突围。"

这次战斗，一大队在毫无准备、完全被动的情况下，共毙伤敌人50多名，创造了以少胜多的奇迹，极大地鼓舞了人民群众抗日救国的热情，使抗日烽火迅速燃遍胶东大地。

1938年3月，宋澄任中共胶东特委委员，并任"三军"政委。4月，宋澄和林一山等领导人，根据特委指示，率"三军"主力西上，开辟蓬黄掖抗日根据地。5月，"三军"、掖县三支队和鲁东游击指挥部在黄县举行会议，组成"胶东抗日联军"，马保三任指挥，韩明柱任副指挥，林一山任政委，宋澄任政治部主任。9月18日，"三军"

和掖县三支队合编为"八路军山东纵队第五支队",宋澄任支队政委。12月,宋澄被调到山东纵队司令部任军务科科长。

宋澄自天福山起义后,随部队转战胶东半岛,与日伪军进行了无数次战斗,先后进攻日伪军驻守的平度、招远、福山、文登,攻克了莱阳、蓬莱、黄县,创立了蓬黄掖抗日民主根据地,粉碎了张金铭等国民党顽固派制造的摩擦,团结了社会知名人士马侠村等,加强了抗日民族统一战线工作,打垮了顽匪刘桂棠、投降派蔡晋康等部的进攻。宋澄为胶东抗日武装的建立、发展和巩固作出了重大贡献。

宋澄因转战南北,战斗频繁,环境艰苦,积劳成疾,不幸于1941年病逝于沂蒙山区根据地,时年31岁。山东纵队和中共山东分局在临沂青驼寺举行了隆重的追悼大会。分局书记黎玉在致悼词中高度评价了宋澄同志光辉战斗的一生。

三、许世友

许世友(1905年2月28日~1985年10月22日),河南省新县人。抗日战争时期,任中国人民抗日军政大学校务部副部长,八路军一二九师三八六旅副旅长,山东纵队第三旅旅长,山东纵队参谋长,胶东军区司令员。许世友将军在胶东指挥作战9年,曾在这里先后指挥了榆山大会战、发城围歼战、长沙堡伏击战、收复栖霞城等大小战役。

少年时，许世友因家贫便给武术师傅当杂役，后到少林寺学习武术。大革命时期，参加农民革命运动。1926年9月参加了共产主义青年团，投身革命。1927年8月，在革命处于低潮时，成为中国共产党党员，并于当月返回家乡参加工农红军。同年11月参加了著名的黄麻起义，开始了在人民军队的漫长革命生涯。

1940年9月，他调任山东纵队第三旅旅长，同日、伪、顽在渤海之滨和清河两岸，展开了激烈斗争。1941年春，他指挥胶东地区八路军和地方武装横扫敌伪。1942年2月，他任山东纵队参谋长。10月起，任胶东军区司令员，领导胶东军民开展了艰苦卓绝的游击战争，发展壮大人民武装，粉碎日、伪军频繁的"扫荡"和蚕食，打得敌人心惊胆寒，领导巩固和发展了胶东抗日根据地的斗争。

1945年春，他率部讨伐国民党投降派赵保原、克万第、战濯村，席卷五龙河两岸，清除了胶东抗日的障碍。1945年8月，抗日战争胜利结束，正在山东军区党校学习的许世友奉命带领在校学习的胶东地区干部迅速返回胶东，向敌伪展开大反攻。在他的指挥下，胶东部队以破竹之势，短时间内让敌方就只剩下最后的一个顽固堡垒——伪军王铁相等盘踞的平度城。9月7日，攻城战斗打响，经过3天激战，活捉王铁相，把胜利的旗帜插到了平度城上。1947年任华东野战军第9纵队司令员，参加莱芜、孟良崮战役。同年8月任华东野战军东线兵团（后称山东兵团）司令员，率部进行胶东保卫战和周张、潍县、兖州、济南等战役。1949年7月，时任山东军区第一副司令员的许世友第五次来到胶东指挥了长山岛战役，这是解放军第一次渡海作战，也是在烟台人民的帮助下以木帆船打败敌方机械船的范例。毛泽东曾这样说过："许世友是员战将，陈毅打仗，南靠粟裕，北靠许世友。许世友打红了胶东半边天，了不起，了不起！"

1953年参加抗美援朝，任中国人民志愿军第3兵团司令员。在长期的革命战争中,许世友出生入死,身经百战,为民族的独立与解放建立了不朽的功勋。1954年回国后,历任华东军区第二副司令员、人民解放军副总参谋长、国防部副部长兼南京军区司令员、中共中央华东局书记、中共江苏省委第一书记、广州军区司令员、中共中央军委常委、中共中央顾问委员会副主任等职。1964年在南京军区曾总结推广"郭兴福教学法",开展群众性练兵运动。1955年被授予上将军衔。1985年10月22日于南京病逝。

四、张连珠

张连珠,1904年生于山东省文登县长岗村一个农民家庭。少年时在本村读了七八年私塾,后又种了几年地。1928年考入牟平县(今烟台市牟平区)高级小学读书。

1930年,张连珠高小毕业后,考入牟平县立中学附设的师范班。这时,他开始接触具有反帝、反封建思想的进步书刊,并积极参加了学校的读书会和反帝大同盟等进步团体,逐渐成为学校中反帝、反封建活动的积极分子。九一八事变后,他积极向学生宣传抗日救国的道理,积极参加群众抗日游行示威等活动。

1931年,张连珠从师范班毕业,先后在古初村、观上冯家、白玉庄等地学校任教。在长期的斗争实践中,张连珠逐步认识到只有在中国共产党的领导下,人民才能够推翻日本帝国主义和国民党反动派的残暴统治,建立没有压迫、没有剥削的新中国。于是,他边教学边积极寻找党的组织,终于在1932年4月,经宋健华介绍加入了中国共产党。从此,他以教学为掩护,积极从事党的工作。

1932年冬,中共牟平县委成立,张连珠任第九区区委委员。1933年春,他改任第九区区委书记,并奉上级指示去文登县开展党的工作。当时,由于叛徒出卖,省委和许多县党的组织遭到敌人破坏,使党的活动增加了不少困难。这时张连珠患了严重的支气管炎,他不顾自己体弱和社会环境的险恶,艰难地奔波在胶东岗峦起伏的山路上,活动在穷乡僻壤的山村中,使党的组织有了新的发展。1933年秋,牟平县委书记被捕,张连珠继任县委书记。1934年初,中共胶东特委成立,张连珠任特委委员。同年秋,他在文登县崮头集因共产党嫌疑被敌逮捕,押入文登监狱。由于敌人未弄清他的身份,加上他又能言善辩,机警地应付了敌人的审讯,不久即被释放。张连珠出狱后,担任了中共胶东特委书记。经过胶东特委、文登县委的积极工作,文登县的党组织有了很大发展,党员人数大大增加,有的区差不多村村都有党员,不少村庄还建立了党支部。这样一来在昆嵛山周围已布满了革命的火种。

1935年,胶东地区适逢春旱秋涝,灾荒严重,加上国民党政府横征暴敛,人民生活非常困难,叫苦连天。中共山东省临时工委指示中共胶东特委,要抓住这一有利时机,在胶东组织发动农民暴动。张连珠接到指示后,立即召开特委会议,研究制定暴动计划。经过反复讨论,会议决定首先开办军事训练班,由张连珠亲自负责,并秘密建立小型的土炸弹制造所,同时还在石岛建立一个秘密点以开展兵运工作。经过几个月的准备后,于同年农历十月在南汤村又召开了一次重要会议。会议传达了暴动行动计划，确定了各路暴动队伍的领导干部和具体任务。暴动队伍的番号为中国工农红军胶东游击队，暴动口号是"反对苛捐杂税，打土豪、分田地！""全国人民团结起来，组织起来，北上抗日，收复东北失地！"会上，张连珠发表了讲话，分析了当时的形势，号召大家深入发动群众，积极进行暴动的组织准备。大家一致表示：坚决执行党的指示，夺取暴动的胜利。

南汤村会议制定的暴动计划是：农历十一月初一，以文登县为中心，在荣成、牟平、海阳等县同时举行暴动。在昆嵛山无染寺设立了暴动总指挥部，由张连珠、程伦分任正、副总指挥。暴动队伍分为四路：文、荣一路由张连珠、丁世杰、张修己等指挥；海莱一路由程伦等指挥；石岛一路由于得水、刘振民等指挥；牟平一路由曹云章、石匠玉等指挥。

由于派往文登城购买子弹人的叛变，张连珠连夜召开紧急会议，决定把暴动的日期改为农历十一月初四。随后，特委又决定由于得水率领的一路提前一天行动，偷袭石岛。

农历十一月初三，于得水、刘振民率领暴动队伍向石岛奔去。第二天拂晓，其他三路同时出动，于是，一场轰轰烈烈的革命风暴在胶东半岛爆发了。

奔袭石岛的于得水一路由于敌人已有防备，未能成功，返回时，沿途收缴了人和集镇公所和鹊岛盐务局等地敌人部分枪械。攻打牟平的一路虽然活捉了国民党的乡长，缴获了敌人部分武器，但终因敌我力量过于悬殊而失败，负责该路指挥的特委委员曹云章壮烈牺牲。攻打海莱的一路也失败了，负责指挥的程伦不幸被俘，攻打文、荣的一路也同样遭到了失败。

暴动失败以后，在紧急关头，张连珠立即召开干部会议，研究应变措施。他说："我们这次暴动失败了，但失败是成功之母！为了保存革命力量，为了今后更好地开展斗争，从现在起我们要化整为零，分散隐蔽活动，开展游击战争。我们一定要坚持斗争下去！为死难者报仇！……"会议一致同意了张连珠的建议，将剩下的暴动队员编为五个小分队，分别由张连珠、张修己、于得水、王亮、丁世杰带领，立即分散活动。会议还决定设立八处秘密联络点，安排未暴露身份的党员承担联络工作。对参加暴动的群众则动员他们迅速回家，待机再起。

农历十一月初六，张连珠带领一支小分队来到文登城北底湾头村，一边休整，一边在群众中开展宣传活动。不料，他们的行动被敌人展书堂（当时在统治山东的韩复榘部任师长）侦知，立即派兵将村子包围。张连珠一边组织群众转移，一边指挥队伍奋勇抗击，使敌人的几次冲锋都未能得逞。最后张连珠率领队伍向西突围，不幸腿部中弹被俘。

当敌人得知张连珠是"一一·四"暴动主要负责人时，便把他押送到文登县城，关进监狱。敌人企图从张连珠身上得到参加暴动的党员、骨干名单，来一个"斩尽杀绝"。但他面对敌人的严刑逼供，坚贞不屈，始终没有泄露党的任何机密。狱中难友见张连珠被折磨得遍体鳞伤，依然威武不屈，心中十分敬佩。有个难友叫柏永旭，他家是一个秘密联络点，张连珠经常在他家活动，因而认识张连珠。他眼含热泪对张连珠说："我老了，我情愿为你去死！你是胶东人民的台柱子，可不能倒啊！"张连珠安慰他说："你不要想的太简单了，敌人能让你替我吗？你要争取活着出去继续为党工作……"为了鼓励外面的同志继续斗争，张连珠还将狱中情况用暗语写在纸条上，传给外面的同志们。张连珠知道敌人是不会放过他的，他争取一切时间，利用一切机会，在生命的最后时刻努力为党工作。

农历十一月二十三日，敌人将张连珠押到文登县城西关，敌审判官问他还有什么话要说，张连珠冷冷地看了审判官一眼，没有回答，然后转身望着四周的乡亲，大声讲道："人民已经觉醒了，中国人民受压迫的日子快要过去了……中国共产党领导的革命事业必定要在全中国取得胜利……""乡亲们！不要怕汉奸、卖国贼，不管他们多么凶残，早晚逃脱不了人民的惩罚……"敌审判官慌了，气急败坏地催促刽子手赶快下手。胶东人民的好儿子、优秀共产党员张连珠高呼："打倒国民党！""中国共产党万岁！"英勇就义，时年31岁。

五、韩世瑛

韩世瑛于1918年4月出生，蓬莱城里人。少年时家境贫困，过着贫苦的生活。父母出于对孩子的疼爱，勒紧腰带，省吃俭用，让韩世瑛到本街一户私人教师家里学习。韩世瑛深知家庭的难处，知道学习机会得来不易，她刻苦用功，学习成绩一直很好。

1937年七七事变后，灾难深重的中国人民又沦陷于日本帝国主义的铁蹄蹂躏之下，韩世瑛和不愿做亡国奴的进步人士一起，积极参加抗日救亡运动，宣传抗日救国道理。1938年她参加了山东人民抗日救国军第三军第二路武装起义部队，被分派在蓬莱县民众动员委员会工作。1939年加入中国共产党，此后又担任了蓬莱县妇女抗日救国会主任，1940年调胶东地区民众动员委员会工作。

韩世瑛参加革命队伍后，生活上吃苦耐劳，工作上积极大胆。当时胶东大部地区属游击区,工作环境艰苦,日伪军碉堡林立,敌人时常"扫荡",部队和抗日民主政府都没有固定住址,经常转移。韩世瑛和男同志一样,背着行李跋山涉水,有时夜宿山洞,有时露宿山坡,从不叫苦。民众动员委员会和妇女救国会的大量工作是发动群众,壮大革命队伍,韩世瑛深入农村,积极宣传群众、组织群众和武装群众。她每到一个村就帮助群众担水烧饭、缝洗衣服、纳鞋底,样样抢着干,和群众建立了深厚的感情。有一次,日寇"扫荡",她被包围在一个村子里,在群众的掩护下才安全脱险。韩世瑛经常向家里人讲抗日救国的道理,讲共产党为劳苦大众谋利益的思想,在她的影响下,她的父母和五个弟弟、妹妹都加入了共产党。

1942年冬,韩世瑛在中共山东分局党校学习结束,由鲁南返回胶东途中遭到敌人袭击,她和战友们一起同敌人进行了顽强的搏斗,由于敌众我寡,她负伤后被敌人抓去。敌人采取软硬兼施的手段逼迫她投降,她坚贞不屈,昂首挺胸,高呼"中国共产党万岁"、"打倒日本帝国主义"等口号,日本鬼子将她活埋时,她年仅25岁。蓬莱县城解放后,中共蓬莱县委和县政府将蓬莱县城里画河西的一所小学命名为"世瑛小学"。

六、任常伦

第三章 胶东英雄儿女

"战斗英雄任常伦，他是黄县孙胡庄的人，十九岁参加了八路军。

打仗最勇敢，冲锋打头阵，完成任务坚决又认真……

长沙堡战斗中，光荣地牺牲，他的名字永远记心中……"

这是20世纪四五十年代在栖霞、海阳一带流传很广的一首歌，歌颂的是抗日战争时期在胶东解放区几乎家喻户晓的一位抗日英雄任常伦。歌中提到的"长沙堡战斗"就发生在海阳县长沙堡村。

任常伦，1921年出生于山东省黄县（今龙口市）孙胡庄（现为常伦庄）一个贫苦农民家庭。他6岁丧父，10岁丧母，靠叔父抚养，入学读书4年，后辍学务农。

1938年，胶东抗日救亡运动风起云涌。年仅17岁的任常伦于这年冬天参加了自卫团。不久，他领到了一支土枪，如获至宝，爱不释手。上山干活带着它，站岗放哨攥着它，晚上睡觉偎着它；有小空就抹，有大空就擦，谁见了谁夸奖。他常对别人说："别看咱这支土造货，洋鬼子碰上它，一样叫他见阎王。"

1939年春，一天早饭后，任常伦和王宝玉、王健吾3人奉命到石良集侦察敌情。有个伪军官蹲在街上买鸡蛋，腰里别着一支匣子枪。二王一交换眼色，一齐跃上去，王宝玉伸手抓住了伪军官的匣子枪，王健吾举起手榴弹狠命地砸在伪军官的头上，只听他"啊"一声倒下了，匣子枪被王宝玉夺到了手。二王互相一招呼，架起那个昏迷的伪军官就往村西跑。任常伦一看二王抓住了一个伪军"舌头"，高兴地对二王说："你们快架他过河，我在这里对付敌人！"这时，集上的日军端着三八枪，在人群里横冲直撞地向村西追来。任常伦眉头一皱，计上心来，趁敌人还没靠近，迎头扔过去一颗手榴弹，轰的一声炸响了。接着他高喊："八路军进村了，快跑啊！"赶集的群众顿时散开，村里村外你喊我叫，弄得日军晕头转向，因怕吃亏，就不再追了。就这样，任常伦掩护二王架着伪军官顺利返回。他们三人深入虎穴擒匪徒、缴获匣子枪的行动，受到了上级的表扬。

自卫团经常夜晚外出扰乱敌人、割电线，任常伦每次都主动参加，总是兴致勃勃地出发、满怀喜悦地归来。

1940年，任常伦参加了八路军地方武装，10月所部升级为第十四团第二营第五连。在一次袭击敌人的战斗中，他勇猛地冲进了围墙，正在前进时左胳膊挂了彩。班长让他退下火线去包扎，他却说："为了党和人民，该流血时就得流血。这算得了什么！"他一边说一边拿着手榴弹往前冲。直到负伤的胳膊不能动弹了，他才接受班长的命令，恋恋不舍地走下火线。后来，在猴子沟伏击战中，他带着两名战士最先跳上汽车和日军拼搏。他腿上负了两处伤，跳下来包扎好后，又急忙返回去围歼日军。

不久，在掖县城南战斗中，任常伦担负往火线上送弹药的任务。阵地上，战士们和敌人拼了刺刀。正在这时，任常伦扛着一箱手榴弹冲上来了。他见3名战士正在和3个日军拼刺，就把箱子一放，如猛虎扑食一般，一步蹿上去抱住了一个日军的后腰，对面的战士趁势跃上前来，嗖的一声捅了日军一刺刀，任常伦乘机夺取了日军手中的大盖枪，回身一戳，刺刀捅进了日军的胸膛。战斗结束后，营里决定把一支三八大盖枪发给任常伦。他用缴获的这支枪勤学苦练，在以后的战斗中杀伤敌人，缴获枪支，受到了大家的称赞。

1941年6月，任常伦光荣地加入了中国共产党。在党的教育下，他作战勇猛，表现十分突出。这年冬天，部队攻打栖霞县小栾家据点时，第一排第三班班长史德明在鹿砦里边的小土崖下挂了彩。敌人在碉堡周围点起了柴火，照得通亮，上级曾多次派人抢救史德明都未成功，任常伦主动请求去背三班长。得到批准后，他猫着腰匍匐前进，一直爬到史德明身边，轻声说："三班长，我来拉你！"史德明难过地说："排长和同志们来拉我都挂彩了，你别再挂彩，不要管我了！"任常伦果断地回答："党不能把你丢给敌人，别说我挂彩，就是牺牲了也要把你拉下去。"他说着，立即解下绑腿带，捆在史德明的腰上，缓缓地把史德明拉到鹿砦外，然后把他背了下来。

1942年6月，任常伦升任班长。他执行任务时果敢机警。11月中旬，日军2万人在顽军赵保原部配合下对抗日根据地进行了"扫荡"。一天晚上，连长看到一堆堆的野火连成一线，挡住了突围的出路，但不知火堆边有没有敌人，就派任常伦前去侦察。任常伦机智勇敢地摸到左前方的火堆跟前，发现在不远处的地里潜伏着敌军，他悄悄地向右面的火堆爬去，见有两个伪军在烤火。他轻轻地爬到离敌人四五步的地方，握着一枚手榴弹，跃到敌人面前，咔嚓一声砸开了一个伪军的脑袋。另一个伪军看势不妙，便乖乖地当了俘虏，被任常伦抓回来了。连长根据获悉的情况，指挥全连从前右侧火堆边安全突围。

1944年7月，任常伦被全团评选为战斗英雄。8月，连续出席了胶东军区和山东军区战斗英雄代表大会，被选为主席团成员，并荣获军区一等战斗英雄光荣称号。战斗英雄代表大会刚一结束，他听说日本鬼子又和顽军赵保原部相勾结，开始进攻牙山抗日根据地。他怀着满腔怒火，日夜兼程跋涉七百里赶回胶东。那时，他身上已经负过八次伤，肩膀里还留着敌人的弹片，体力还没有完全恢复。他赶回部队后，首长要他休息，他用恳求的口气说："我要打仗。我不能眼睁睁地看着鬼子横行霸道，不叫我打仗我受不了！"最后领导决定，提升任常伦为副排长，并批准他参加战斗。

战斗打响了，700多名鬼子被阻击在海阳长沙堡的西北面。任常伦和全排32名战士奉命抢占制高点，以防敌人反击逃跑。于是，他带领全排战士发起冲锋，高喊着："同志们冲啊，时间就是胜利！"英雄的三排飞速向前，终于抢在鬼子前头占领了制高点。鬼子连续发起两次冲锋，想夺回制高点，但都遭到了惨败，战地上下硝烟弥漫。后来，几十个日军抢占了制高点左侧的另一个小高地，插起膏药旗，架起机关枪，严重地威胁着团指挥部和兄弟排阵地的安全。任常伦凑到排长跟前，用坚毅的口气要求道："排长你下命令吧，让我去把那个小高地夺过来！"战士们也在一边齐声请求道："我们跟副排长一块去，坚决完成任务！"排长决定让任常伦带领九班去夺取日军占领的小高地。

九班的英雄们在任常伦的指挥下，一口气冲到小高地正面的断崖下，任常伦布置两个战士正面佯攻，其余的跟着他沿着断崖迂回到小高地侧面，迅速发起猛攻。一排手榴弹炸得日军抱头鼠窜，九班夺取了小高地。敌人不甘心失败，又疯狂地炮轰小高地，一个军官用指挥刀威逼着一群日军士兵嚎叫着向上冲，任常伦沉着地端起大盖枪，一扣扳机打倒了敌人的指挥官；接着又连发3枪，打倒了3个鬼子。九班战士斗志高昂，以一当十，英勇地抗击着十倍于他们的敌人，连续打退日军5次疯狂的反扑。

就在这时，战士们的手榴弹用完了，子弹打光了，增援部队还没有赶到。垂死挣扎的日军又一次组织反扑，一场严峻的考验摆在九班战士的面前。任常伦站起来，看看远处村子里鬼子燃烧的大火，眼睛里闪着仇恨的光芒，他高高地举起手中的枪，坚定地对战士们说："同志们，我们没有子弹，但有刺刀，人在阵地在！"这时日军又冲上来了，九班的英雄们喊了一声"杀"，端起锋利的刺刀，带着强烈的仇恨向日军冲去，一场激烈的白刃战在小高地上展开了。任常伦接连刺死了4个日军，自己也负了伤。但他仍然坚持战斗，当捅倒了第五个鬼子时，五班上来增援了，日军乱成一团，丢下几十具尸体狼狈逃窜。

当天傍晚，日军对小高地进行反扑。任常伦不幸被一颗子弹射中。五班长急忙扑过去连声呼唤，任常伦吃力地说："五班长，别管我，守住阵地要紧，守住阵地就是胜利！"战士们望着身负重伤的副排长，人人满腔悲愤，个个斗志更坚。他们沉着地等到鬼子再次冲过来的时候，用手榴弹把敌人压下去。这天，日军共扔下了258具尸体，败北而去。

许多年过去了。今天，在山东省栖霞县东部巍峨的英灵山顶上，昂然屹立着雄伟壮观的抗日烈士纪念塔。塔西面，有一尊八路军战士的铜像，持枪伫立，雄视远方，守卫着山川秀丽的胶东半岛，他就是人们敬仰的山东军区一等战斗英雄任常伦。

七、于克恭

于克恭（1907~1940），又名王志恒、李保山，烟台牟平人。抗日战争全面爆发后，他参加组建山东人民抗日救国军第三军，曾先后任中共胶东特委民运部长、胶东民众总动员委员会主任、胶东抗日自卫团总指挥。1939年调任中共东海特委书记，胶东军区第一军分区司令员。

于克恭自幼聪颖好学，全家人节衣缩食，送他到邻村的云阳小学读书。16岁高小毕业时，他说服村里的上层人物，在村中的关帝庙，因陋就简地办起地口村有史以来的第一所小学。于克恭在这所学校里执教三年，他的学生后来大都参加了革命队伍。于克恭刚正豪爽，敢于仗义执言，同恶势力作斗争。

1928年，于克恭辞掉学校的工作，秘密地走村串户，传播革命思想,组织发动群众。1933年,他经于芹生介绍加入了中国共产党。当时共产党的活动经费十分有限,于克恭陆续变卖了20余亩地和部分房产,用于资助前来联络工作的共产党员和组织其他活动。为发展和壮大共产党的队伍,于克恭多方联系,教育和启发贫苦农民的阶级觉悟,先后发展了30余人入党,其中包括本家兄弟和亲戚等8人。1933年秋,于克恭担任中共牟平县委书记。

1934年,中共山东省委遭受破坏,各地党组织与中共山东省委失掉联系。于克恭受中共胶东特委的委派,前往天津向中共中央北方局汇报请示工作。返回时,他将北方局的机密文件巧妙地藏在点心盒里,把中共中央北方局的指示安全带回胶东。1934年10月16日,由于叛徒出卖,于克恭在泽上村不幸被捕,由牟平县看守所转到济南第一监狱,后来又转到武昌反省院。于克恭身陷囹圄3年多,虽然身心遭到了严重的摧残,却表现了共产党人威武不屈的崇高气节和斗争精神。

1937年卢沟桥事变后,于克恭得以获释。他出狱后直奔延安,后经张闻天介绍到山西八路军总指挥部,一边学习共产党的方针、政策,了解国际、国内形势,一边随军做民运工作。不久,北平、天津、济南等地相继沦陷,于克恭肩负重任,重返胶东开展工作。

于克恭回到胶东后,受中共胶东特委委派,与宋竹亭一起迅速恢复了东海地区中共党组织,组建了中国共产党东海地区临时工作委员会。1937年12月,天福山起义后,起义部队编为"山东人民抗日救国军第三军"。于克恭借着起义的声威,不失时机地组织、武装、动员民众开展抗日反奸斗争,在部分村镇建立起了群众抗日组织,为后来开辟东海抗日根据地奠定了群众基础。

第三军西去蓬、黄、掖不久,于克恭也奉命西上,担任胶东特委委员兼民运部长、胶东民众总动员委员会主任兼胶东抗日自卫团总指挥。不到半年的时间里,中共胶东特委和胶东民众总动员委员会在蓬、黄、掖、招、莱等县，建立起了青救会、妇救会、儿童团、少先队、自卫团等抗日群众组织，把几十万群众紧紧团结在共产党的周围，胶东西部各县的群众抗日活动蓬勃发展起来。

1939年4月，根据形势的发展，胶东区分设东海、西海、南海、北海、潍北五个地区，于克恭任胶东区委委员兼东海特委书记，又兼任东海军分区司令员。自第三军西上后，东海地区已被国民党顽固派分割盘踞，环境极为恶劣。中共东海地委在于克恭的带领下，始终在进行顽强的斗争。到1939年冬，全东海地区的中共党组织都建立健全起来，共产党员由年初的三四百人迅速发展到1000多人，大部分村子成立了各种抗日群众组织，先后向西线部队输送了1000多名新战士。中共东海地委还建立了一支150人的武装，编为东海一大队。

1940年2月中旬，日军对胶东地区发动了梳发式大"扫荡"，由西向东步步推进，妄图消灭抗日力量。当时东海地区的国民党顽固派大小司令多达十几个，他们中间有些人或是投日，或是弃枪逃跑。面对这种形势，于克恭当即召开特委紧急会议，分析了顽军恐日媚日的本质，借日军"扫荡"之机，掀起了"国民党弃枪、我们拣枪拉队伍"的群众运动。日军"扫荡"过后，东海地区组织起一支拥有1000余人、700多条枪的抗日武装队伍，从根本上扭转了东海地区的形势。

对东海地区中共武装力量的发展，国民党顽固派寻机进行打击报复。1940年4月18日，国民党驻昆嵛山一带的顽军王兴仁部200余人在文登林村进行骚扰，杀害了中共东海特委军事部长宋干卿等人，特委接到情报后，决定挥师讨伐，巩固和扩大林村一带的抗日根据地。

4月19日，于克恭率领部队经过一天的急行军，于傍晚赶到文登县姜格庄。晚上召开军事会议，决定午夜后对林村顽军发起进攻，拂晓结束战斗。深夜散会后，于克恭带领特委机关和司令部挺进到距林村6里的草铺村指挥战斗。4月20日清晨，林村方向不时传来稀疏的枪声,整夜都未合眼的于克恭与参谋处的人员走出临时指挥所,步行到前沿阵地察看战斗情况,不幸在草铺村与林村之间的母猪河西岸与援敌遭遇。激战中,于克恭腹部中弹,壮烈牺牲,年仅33岁。

八、杨子荣

杨子荣(1917~1947),原名杨宗贵,后改名杨子荣,山东省烟台市牟平区嵎岬河村人,东北军区特级侦察英雄。

20世纪60年代,曲波的名著长篇小说《林海雪原》问世后便家喻户晓了。当时大家印象最深的是侦察英雄杨子荣装扮土匪去见座山雕那段黑话。

天王盖地虎,宝塔镇河妖。

蘑菇,溜哪格,想吃奶就来了奶奶。

想娘家人,小孩他舅舅来啦。

野鸡闷头钻,哪能上天王山?

据曲波小说《林海雪原》中"智取威虎山"的一段故事,并参考同名话剧改编,由童祥苓饰演的"孤胆英雄"杨子荣成为了一代人心中的永恒记忆。

那么,真实的杨子荣到底是一个什么样的战斗英雄呢?1917年,山东省牟平县宁海镇嵎岬河村一个贫苦的农民家里,诞生了一个男婴,母亲宋学芝为他取名杨宗贵。1945年8月,山东的八路军大扩军,28岁的杨宗贵跃跃欲试,因为担心妻子和母亲的阻挠,杨宗贵没有用真实的名字报名参军,他给自己临时起了个名字——杨子荣。

1945年8月,他参加了八路军解放牟平城的战斗。同年秋,29岁的杨子荣报名参加八路军,编入胶东海军支队。10月下旬,胶东海军支队赴牡丹江地区剿匪,11月,杨子荣加入中国共产党。杨子荣参军后,部队领导见他是个年龄不轻、军龄不长的老兵,便分配他到伙房当炊事员。可杨子荣并不是个"安分"的炊事员。经过一段时间的了解,部队领导发现杨子荣有过几年闯关东的经历,对东北的三教九流、风土人情、行话黑话都有一定的了解,加上杨子荣个人积极主动,经过连队讨论,决定将杨子荣调到二团三营七连一排任一班班长。

牡丹江地区匪患严重。首长派杨子荣等30多人化装成便衣,先行到达海林镇。杨子荣进入有百余支枪的地主武装孙江司令部,敦促其放下武器,拒降者就地缴械。1946年2月2日,海林镇解放。

1946年3月20日早晨,三营在杏树沟追击李开江部,李匪据险顽抗。杨子荣带领一班人迂回到敌人阵地侧后,他示意副班长和战士隐蔽好,独自一人跃出掩体,威逼400余名敌人放下武器,迫使匪首李开江、张德振投降。后杨子荣被评为团战斗模范。

大股匪徒歼灭后,小股残匪流窜于深山老林中,部队首长组建武装侦察小分队(团侦查排)消灭残匪。小分队负责人由既熟悉当地情况又有独立指挥作战能力的杨子荣担任。小分队组建后,首先生擒了所谓"许家四虎"(许福、许禄、许祯、许祥),消灭了"九虎"李发林、马希山等惯匪,其后杨子荣带领四名战士化装成敌人,深入林海雪原摸清敌情。

1947年1月下旬,剿匪部队得到匪首座山雕在海林县境内活动的线索。此时座山雕已经是残匪,深隐山林,并不适宜大规模清剿。团首长找杨子荣研究，决定把这一非常艰巨的任务交给他。这不仅是因为杨子荣机智勇敢，更是因为杨子荣懂得"黑话"。

农历正月初五，杨子荣带领5名战士化装成土匪从海林镇出发，向海林北部的密林深处开拨。在威虎山脚下，杨子荣遇到了放哨的匪兵，经过一番黑话对答，杨子荣获得了土匪暗哨的初步信任，然而，领头的土匪十分谨慎，他把杨子荣一行6人叫进屋后并不说话，反而多次看他脚上穿的大头鞋。杨子荣心里一惊，原来杨子荣和战友们在化装成土匪时没有换鞋，还是穿的部队发的鞋子。他马上顺嘴编了一套话，和战友假装聊天，说前几天伏击了共军，脚上的这双鞋就是当时从共军的尸体上扒下来的等，讲得有声有色。

领头的土匪不再怀疑，把杨子荣他们带到了一个窝棚里，一个白头发、黑脸膛、鹰钩鼻、山羊胡子的瘦小老头引起了杨子荣的注意。凭多年的经验，直觉告诉他，此人就是座山雕。杨子荣和战友一齐把座山雕绑了当作人质，将路上每个哨卡站岗的25个土匪都绑了下山，直到在山脚碰到了前来支援的剿匪小队，座山雕才如梦方醒，大呼上当，这就是历史上真实的"智取威虎山"。

杨子荣活捉座山雕的消息，很快传遍了整个海林镇，当地老百姓无不欢欣鼓舞，奔走相告。1947年2月19日，《东北日报》以《战斗模范杨子荣活捉匪首"座山雕"》为题，进行了报道，称这次剿匪战斗"创造了以少胜多歼灭股匪的范例"。团里召开庆功大会，给杨子荣记三等功。东北军区司令部授予杨子荣"特级侦察英雄"称号。

据梨树沟群众反映，附近山区还有零星残匪活动。从俘虏的口中也得到证实，有土匪藏在孟老三匪窝里养伤。二团接到情报后，由曲波副政委和杨子荣率领侦察排30多名战士组成小分队，前去侦察搜剿。

1947年2月22日，小分队出发，夜宿夹皮沟。23日拂晓，哨兵发现可疑脚印，小分队在没膝深的大雪中行军，一直跟踪了十五六里路，在闹枝沟的山梁上发现了土匪窝藏的地点——一座冒着炊烟的

"马架房子"。为了不惊动土匪,在离窝棚三四百米的地方,杨子荣命令侦察员们匍匐前进,慢慢向窝棚靠近。在确定土匪没有发现后,杨子荣和几个侦察员一齐向房内猛扑过去,大喊一声:"不许动,举起手来!"慌乱中有土匪开始操枪,杨子荣立即扣动匣枪扳机,可是枪没有打响,其他战士也立即向屋内射击,也没有打响。这时,孟老三从屋里射出一颗子弹,正好打中杨子荣的胸膛,杨子荣晃了几晃,便倒了下去,孟老三趁机逃跑。听到枪声,随后赶到的小分队在曲波的指挥下,立即向土匪的窝棚猛烈扫射。土匪在房内也拼命顽抗,向外射击。曲波命令战士爬上房顶,向屋内扔手榴弹,窝棚内还剩六个土匪,除马连德一人爬出来,其余五名全被炸死。

杨子荣为了东北人民的解放,为了新中国的诞生,英勇地牺牲了,时年31岁。

2009年,在由中央组织部等11个部门联合组织开展的"100位为新中国成立作出突出贡献的英雄模范人物和100位新中国成立以来感动中国人物"评选活动中,杨子荣被评选为"为新中国成立作出突出贡献的英雄模范人物"。

九、于得水

于得水（1906~1967），威海文登洛格庄人，原名于作海，曾用名于海、高德胜、刘二伦、林德胜。他身经百战、出生入死、屡建奇功。

1906年5月22日，于得水出生在文登县洛格庄一个贫苦农民家中。18岁开始拜师学武艺，19岁加入武术会，早起晚睡练武功。几年之后，学成了一身好武艺。1931年5月，经人介绍，于得水参加了农民协会。1933年加入中国共产党后，他带领一支秘密武装活动在文登、荣成、牟平、海阳一带，被当地群众誉为飞檐走壁的传奇英雄。1935年冬，于得水参加胶东"一一·四"暴动，任东路第三大队大队长，率队出奇制胜。暴动遭到血腥镇压后，他率领部分队员挺进昆嵛山，建立了昆嵛山红军游击队。

昆嵛山东的界石村是山前与山后的交通要地，这里驻守着文登县国民党反动派地方武装"联庄会"的50多个匪丁。平日他们横行乡里，祸害百姓，残杀革命同志。经请示胶东特委书记理琪同意，1936年6月2日夜，于得水率领部分游击队员用计引出门岗哨兵，冲进大门，此时，冲在前面的于得水被一颗子弹击中腹部，会些武功的敌小队长张牙舞爪地扑了上来。在这千钧一发之际，于得水大吼一声："谁动，老子就砸死谁！"随后他扬起拳头朝敌小队长猛砸过去，接着又朝他胯裆猛踹一脚，敌小队长"啊"的一声便栽倒在地。不巧，又一颗子弹再次击中了于得水的腹部，他仍坚持指挥战斗，直到后继部队赶到把敌人击退。1936年秋，于得水伤未痊愈就赶到烟台向特委汇报情况，会见了理琪同志。他们分析了当时的形势，于得水提出攻打垒子盐务局，得到了理琪等特委领导的赞同。1937年春，于得水带领20多名游击队员化装成农民，混在买盐的群众当中，趁盐警吃午饭的时机，打倒门岗，冲进屋内，全俘敌人。

1937年12月上旬，理琪受山东省委派遣回胶东再任特委书记。15日，根据山东省委在胶东成立"山东人民抗日救国军第三军"的指示，特委研究决定，以昆嵛山游击队为基础，先编成第一大队，由于得水任大队长，宋澄任政委。

1937年12月24日清晨，于得水率领20余名队员，带着30多支长短枪，从昆嵛山区经过一夜的急行军，到达文、荣、威交界的天福山，参加了威震胶东的天福山起义。

1938年9月18日，山东人民抗日救国军第三军改编为八路军山东人民抗日游击队第五支队，于得水被任命为63团团长。部队开到黄县、招远边界，主要任务是保护兵工厂和玲珑金矿，保障五支队的军需物资和经费来源。在这期间，国民党山东第九区行政专员兼保安司令蔡晋康，组织顽固派两次向玲珑金矿进攻。于得水率63团迎头痛击，毙伤敌人百余名，俘虏50多名，给敌重创，保卫了玲珑金矿的安全生产。

1941年夏，于得水任胶东军区东海指挥部副指挥、东海行署专员兼文西行署主任，为胶东抗日根据地的建立和发展作出了卓越贡献。1945年8月，他被任命为胶东军区东海军分区副司令员兼烟台警备司令，与其他战友一起粉碎了美军战舰企图在烟台登陆的阴谋。1946年，升任胶东军区东海军分区司令员。1947年，任胶东军区武装部第一副部长（部长为许世友），广泛发动群众参军，使胶东部队迅速壮大，同时组织子弟兵团支前、组织民兵作战，使胶东成为华东的大后方。1949年4月，奉命率部渡江南下剿匪，出任浙江省军区第六军分区司令员。1950年，于得水调任浙江省军区后勤部副部长兼军区建筑委员会主任。1955年，被授予大校军衔。1961年，从部队转业，任安徽省民政厅副厅长、安徽省第三届政协常务委员会委员。"文化大革命"中，于得水惨遭迫害。1967年2月26日，这位7次负重伤、13次受嘉奖的身经百战、出生入死、屡建奇功的英雄含冤去世。1979年2月19日，中共安徽省委在合肥举行追悼会，为于得水彻底平反昭雪，恢复名誉。

传奇故事1

1931年5月,在参加共产党领导的农民革命运动后,有一次,几名党员在于得水家开会,不料被走漏了风声,敌人包围了于得水的茅草屋。于得水一个飞身跳到桌子上,再跃到柜子上,用肩膀将屋顶撞破一个大窟窿,然后飞身窜上屋顶,并连翻两道院墙逃走了。敌人到处搜捕也见不到于得水的踪影。从此,于得水的传奇故事传遍了山东大地。

传奇故事2

当时有个桥隆飙(现拍摄有同名电视剧)是条绿林好汉,其人嫉恶如仇,杀富济贫,枪打得也是到了出神入化的地步,自称枪法天下第一。八路军派专员上山劝桥隆飙为抗日出力,他说:"叫你们的于得水来,他的枪法如果能胜过我,我立马拉着队伍跟你们走。"

比试如期开始。先是策马掐电话线,规则是要在马跑得飞快时才能出枪。桥隆飙先出手,三枪打断三根电话线。于得水后出手,也是三枪三中。第一局,两人打了个平手。

第二局是打鸡蛋。战士把鸡蛋立在桌子上,规则是在百米外走马射击。于得水还是让桥隆飙先来,桥隆飙三枪过后,三个鸡蛋碎在桌子上。轮到于得水时,三枪响后,三个鸡蛋仍然在那里立着。八路军战士大惊失色,以为于得水输了。桥隆飙也纳闷,急忙前去看个究竟。不看不知道,一看吓一跳。原来于得水的子弹洞穿了那三个鸡蛋,而鸡蛋竟仍然立而不倒。那还用再比下去吗?桥隆飙把枪撂在桌子上,双手合抱,口称师傅,朝着于得水躬身就拜。

传奇故事3

于得水和桥隆飙看到树上有麻雀,两人相约同时开枪。人人都知道,打群鸟是个"一枪活儿"。一枪响后,未中枪的鸟会立时飞走的。刹那间,两人都连发两枪,共计4枪打下了5只麻雀。他们中肯定有一个人是一枪击双鸟的。

有一次攻打鬼子的碉堡，碉堡里的机关枪吐着火舌，压得我方爆破人员无法近前。桥隆飙从战士手中夺过长枪，一枪一个，把碉堡所有的射击孔都打哑了。一会儿，一个射击孔里又响起枪声，冲上前的战士倒下了。于得水气得大吼："老子打你的枪眼！"手起枪响，鬼子的机枪哑巴了。战后缴获的机枪中，有一挺的枪口是被从外面射来的子弹封住了的。

第四章 不朽的丰碑

烟台，一座坐落于胶东大地的历史文化名城，革命历史波澜壮阔，红色文化同样引人瞩目。在炮火硝烟的革命年代，在13745平方公里的土地上，曾经发生过无数重要的革命战斗，涌现出无数的无产阶级革命者，也留下了许多革命遗址。据统计，烟台共有新民主主义革命遗址300余处。其中，按遗址类别统计，重要历史事件和重要机构旧址83处；重要历史事件及人物活动纪念地99处；革命领导人故居75处；革命烈士墓23处；革命纪念设施49处。在保护级别上，其中属国家级文物保护单位的有2个，属省级文物保护单位的有11个，属市级文物保护单位的有12个，属县级文物保护单位的有21个。我们选取10个有代表性的革命遗址，以更好地感悟胶东革命精神、弘扬红色文化。

一、八路军挺进东北渡海出发地纪念碑

1945年，中共中央和毛泽东主席多次强调："东北是很重要的，从我们党的发展，从中国革命的将来的前途看，东北是特别重要的，只要我们有了东北，中国革命就有了巩固的基础。"为在争夺东北的战争中争取先机，1945年8月，八路军奉命挺进东北，山东军区调主力6万人，以海路为主开赴东北。受当时条件的制约，山东军区部队缺乏大型船只，加之没有气象预报，没有导航设备，没有军舰护航，缺乏通讯工具，满载将士的小船完全根据水手的经验行驶，渡海过程

十分艰难。当时起渡点多选择蓬莱栾家口港，兼取龙口港，登陆则为辽东庄河等地。

为纪念八路军由蓬莱栾家口港出发跨海挺进东北的壮举，作为当年挺进东北渡海作战的亲历者，原中共中央政治局委员、书记处书记、中央军委副主席张万年上将倡议在烟台蓬莱建立八路军挺进东北渡海出发地纪念碑，对此，烟台、蓬莱两级党委政府高度重视，经报山东省委省政府、党中央国务院批准，在蓬莱市建设"八路军挺进东北渡海出发地"纪念碑，以纪念在人民解放战争和新中国建立中立下赫赫功勋的英雄们。2010年5月，纪念碑落成揭幕，作为烟台市进行爱国主义教育的重要基地。

纪念碑坐落于蓬莱市北沟镇北王绪海滩，总占地面积65.13亩，包括一座主体雕塑和一处广场，周围绿化面积56亩。纪念碑整体面向东北，与大连市庄河渡海登陆地纪念碑遥遥相望。其中纪念碑主体雕塑长11.6米、高15米，海拔高度19.45米，以纪念1945年年底八路军将士奉命渡海、决胜东北的光辉岁月。纪念碑所在广场的总面积6万余平方米，四周环绕苍松翠柏，中间为大理石地面，象征着远赴东北、英勇奋战的6万多名八路军将士。

纪念碑设计结合八路军挺进东北这一历史事实，采用抽象与写实相结合的手法，生动形象地表现了八路军战士不畏艰险、渡海北上解放东北地区的决心。其上部船帆部分采用不锈钢材料，中间人物造型部分采用铸铜材料，底座部分采用花岗岩材料。白色不锈钢风帆犹如钢刀般直入云霄，蕴含着八路军将士劈风斩浪、勇往直前的高昂战斗气势。

雕塑的人物部分选用铸铜材料，此材料的运用能够有力地展现八路军将士的铮铮铁骨。雕塑运用写实手法，塑造的7名八路军战士形象分别代表了驰骋在东北大地上的东北野战军，由山东部队组建的7个纵队向着东北方向挺进，有人振臂呐喊，有人指引方向，有人扯帆摇桨，生动地表现出八路军将士同舟共济、顽强拼搏的决心和勇气。7名战士形象分别代表了驰骋在东北大地上的东北野战军由山东部队组建的7个纵队。雕塑底座部分使用黑色花岗岩制作而成，用白色的花纹展现出波涛汹涌、骇浪滔天的苍茫大海，进而衬托出八路军将士不畏艰难险阻、勇于冲破天险的大无畏革命精神。

二、"一一·四"暴动指挥部遗址

"一一·四"暴动指挥部遗址位于烟台市昆嵛山无染寺景区内。昆嵛山是享誉全省的历史文化名山，是有名的革命根据地。无染寺坐落在山东省烟台市牟平区昆嵛山主峰泰礴顶南麓，是盛极一时的胶东第一古刹。据《宁海州志》记载，早在战国时期曾建有一座庙宇，取名"无染院"，为"居之者六根清净，大得解脏"的意思。无染寺建成后，几度修葺，殿宇宏伟壮观。

"一一·四"暴动展馆内主要陈列了张连珠等在"一一·四"武装暴动中牺牲的烈士的照片和事迹、于得水领导的昆嵛山红军游击队的相关资料,从昆嵛山地区走出的中国人民解放军第27、31、41三个集团军的相关史料以及根据红色军旅作家冯德英先生原著改编的《苦菜花》《山菊花》《迎春花》的电影剧照等,可以近距离地接受革命精神洗礼,从中汲取前进力量。

1935年11月29日(农历十一月初四),胶东特委发动了一次大规模的武装暴动,按农历计时习惯,史称"一一·四"暴动,暴动队伍的番号为"中国工农红军胶东游击队"。暴动分东、西两路行动。东路位于文登、荣成,其暴动队伍编为三个大队,一大队丁树杰任大队长,王台任政委;二大队王良弼任大队长,张修己任政委;三大队为特委的直属大队,于得水任大队长,刘振民任政委。由张连珠和刘振民负责,进攻的重点是石岛。西路位于海阳、牟平,其暴动队伍编为两个大队,由曹云章、邹恒禄、张贤和等负责在牟平县拉起一个大队;由程伦等负责在海阳县拉起一个大队,计划在驻夏村的国民党海阳县三区区中队的兵变队伍的配合下,合攻夏村,而后东进,与东路会合,攻打文登城。东、西两路暴动队伍先后在底湾头和松椒仅坚持了五六天就被国民党军和地方反动武装镇压或打散,轰轰烈烈的"一一·四"暴动失败。其失败原因是多方面的,主要原因是受党内"左"

倾盲动错误的影响。1935年党中央遵义会议已纠正了"左"倾错误路线，胶东特委在与上级党组织失去联系的情况下，仍按之前的指示精神，不顾胶东国民党反动势力相对强大的客观事实而盲目行动，加上暴动的准备工作不够充分，没有广泛地发动群众，又过早地暴露了暴动计划，最后导致暴动失败。

"一一·四"暴动失败后，胶东大地笼罩在一片白色恐怖下。国民党军队、民团对暴动群众疯狂地进行清剿、逮捕、屠杀。12月13日，胶东特委成员程伦、曹云章等20余人在夏村惨遭杀害；18日，胶东特委书记张连珠在文登城英勇就义。胶东党组织也遭到严重破坏，胶东革命斗争处于低潮。

所幸于得水和王亮领导暴动的幸存人员组成昆嵛山红军游击队，坚持斗争，从而为胶东革命保存了一个宝贵的火种。暴动虽然失败了，但它在胶东地方党的历史上有着非常重要和积极的意义。"一一·四"暴动表达了胶东人民心中不畏强暴、不甘受压迫和剥削的强烈呼声，是党领导人民翻身求解放的一次尝试，扩大了党在人民群众中的影响，在胶东大地播下了革命的火种。特别是暴动保留下来的昆嵛山红军游击队，在后来的武装斗争中，成为胶东抗日武装的一支骨干力量。"一一·四"暴动的经验教训是用鲜血写成的，为胶东党组织指导以后的革命斗争留下了一笔宝贵财富。

20世纪60年代初，该地建起营房，古建筑倒塌成废墟。暴动指挥部的房屋后被翻修，暴动时的门楼还在。为了弘扬红色文化，昆嵛山保护区在深入挖掘相关资料的基础上，遵循"尊重历史、修旧如旧"的原则，对无染寺进行了整修复建，聘请专家设计、制作雕塑，收集展示实物、整理文字图片、安放人物雕塑，力求真实还原当时暴动会议的历史场景。

三、雷神庙战斗遗址

雷神庙战斗遗址位于烟台市牟平区城东南王贺庄村南50米处，占地总面积3366平方米，建筑面积802平方米。遗址本是一座小庙，俗称雷神庙。雷神庙战斗遗址分为东西两个大院，西院为花园，史称为范园，是金朝宁海州学正范怿的花园。东院为庙舍，由正殿、南厅及东西两厢组成一对称式四合院，正殿坐北朝南，自东向西由三清殿、岳王庙、雷神庙组成。两院总长82.3米，宽41.1米，面积约为3000平方米。

雷神庙战斗是胶东军民对日作战的第一场胜利，打响了胶东抗战的第一枪。1938年初春，英勇的胶东抗日军民在这里用鲜血和生命谱写了一曲壮烈的诗篇。

1938年2月5日，日本侵略者占领了牟平城，建立了伪政权，企图达到长期侵占牟平的目的。2月12日，中共胶东特委书记理琪率领的山东抗日救国军第三军第一大队经一夜急行军，拂晓到达牟平城。在我军强大的攻势下，伪政府及伪商团的100多人还没来得及抵抗，就被缴枪俘虏。伪县长、伪公安局长双双束手就擒，缴获枪支100多支。解放牟平城后，大部队押解着俘虏撤出牟平城向南部山区转移，而理琪等20多名干部和战士撤到了城南3华里的雷神庙，开会部署下一步行动计划。闻讯从烟台乘车赶来的日寇把雷神庙包围的水泄不通，情形十分危急。理琪当机立断，命令战士分守庙舍，进行抵抗。

战士们毫不畏惧，浴血奋战，打退了日军一次次的进攻。天渐渐黑了，又下起了大雪，敌人急红了眼，放火烧着了南厅大门。正在这紧要关头，友军国民党游击队张建勋部为策应我军赶到牟平，在城东端午山上向日军开火，并烧毁日军汽车一辆。日军见我援军到来，惊慌失措，仓皇逃离。雷神庙战斗从午后打到晚上，历时八小时，消灭日伪军五十多人，打击了日本侵略者的嚣张气焰。雷神庙战斗的胜利，极大地鼓舞了胶东人民的抗日斗志，点燃了胶东地区的抗日烽火。从此，胶东军民在中共胶东特委的领导下，开始了武装抗日的新阶段。

虽然雷神庙战斗距今已经过去了81年，但在雷神庙战斗遗址大院里的一块石碑上，当时留下的弹孔仍然清晰可见。另外，在牟平博物馆存放的一块不足一平方米的铁皮雨搭子上留下了138个弹孔，由此可见雷神庙战斗是相当激烈的。不管是石碑还是雨搭子，都是雷神庙战斗最好的见证。

雷神庙战斗遗址在抗战胜利后一直由学校管理。新中国成立后，政府曾多次投资进行维修。1977年12月23日，雷神庙战斗遗址被山东省革命委员会公布为山东省重点文物保护单位，并先后被授予山东省优秀社会教育基地、山东省国防教育基地先进单位等荣誉称号，是胶东党员干部理想信念教育基地。

四、八路军胶东军区机关旧址和许世友将军在胶东纪念馆

海阳是革命老区，是著名的地雷战的故乡。1942年夏天，八路军胶东军区机关在海阳成立。八路军胶东军区机关旧址及许世友在胶东纪念馆，位于海阳市郭城镇战场泊村。纪念馆共由三部分组成：一是

导引与综合服务区；二是许世友在胶东纪念馆区；三是八路军胶东军区机关旧址区。总面积约 20000 平方米。

八路军胶东军区机关旧址区在力争还原历史原貌的同时，也力求突出"军爱民、民拥军"的主题。旧址区面积 10000 余平方米，其中抗日街全长 196 米、爱民街全长 182 米、东街全长 59 米、西街全长约 54 米。旧址区内修建演武广场、磨盘广场、古井广场、饮马广场四个广场以及 44 栋胶东民宅，民宅重点复原抗日军民学校、组织科、林浩旧居、许世友旧居、胶东军区司令部、生产科、野战医院手术室等。1942年7月1日，八路军胶东军区在海阳县朱吴村成立，后来军区机关迁至战场泊村。

至1945年8月，许世友、林浩领导下的胶东军区多次长时间驻扎于该村。许世友在此率部先后进行了1942年反"扫荡"、1943年反"蚕食"、1944年局部反攻、1945年大反攻等一系列战斗，领导胶东军民进行了四年多艰苦卓绝的抗日战争，取得了辉煌的战绩。此后，英雄的胶东子弟兵从胶东走向全国战场。毛泽东主席曾称赞许世友领导下的胶东子弟兵"打红了胶东半边天"。

为突出传奇将军许世友的一生，建设许世友在胶东纪念馆一座，主要是借鉴沂南红嫂的"民拥军"主题，突出"传奇许世友、军民血肉情、胶东子弟兵"三大版块。纪念馆是一个三进的四合院，外观采用以胶东传统民居为特色的建筑风格。占地面积2981.52平方米，建筑面积1515.1平方米，展陈面积966.98平方米。展览分传奇许世友、军民血肉情、胶东子弟兵三部分内容，展出相关照片3000余张、实物与珍贵文献1000余件。纪念馆外观采用以胶东大院为特色的建筑风格，展陈设计融合传统与现代元素，通过实物、图表、影音、雕塑、半景画等多元化表现手法，突出三大版块的深厚内涵，全面展示了许世友将军在胶东的传奇戎马生涯、与胶东人民的浓厚情谊和胶东抗战部队发展壮大、浴血奋战的深厚历史内涵，体现出胶东子弟兵"赴汤蹈火冲在前、危难时刻有我们"的"军爱民"精神。

八路军胶东军区机关旧址和许世友将军在胶东纪念馆是展示许世友将军传奇的戎马一生、表现战时军民情深、胶东子弟兵丰功伟绩的重要基地，同时也是党的群众路线教育实践活动的重要阵地，是海阳打造红色文化版块的中坚力量，是胶东地区乃至全省红色文化交流的重要窗口。

五、赵疃地雷战遗址

赵疃地雷战遗址位于海阳市行村镇赵疃村。南濒黄海，东西北群山环绕，赵疃、文山后等村坐落在谷内。1940年2月，日军侵入海阳，在赵疃以东的孙家夼、夼里设据点，到处骚扰，烧、杀、抢、掠，无所不为。赵疃乡民兵奋起抵抗，利用地雷战消灭敌人。他们创造了10多种地雷和30多种埋雷方法，对日伪军展开了地雷战，从铁雷、石雷、拉雷、缮雷发展到飞行雷、马尾雷、防潮雷、子母连环雷、慢性自然雷等，从单一的沿路埋雷发展到村内的地雷宴。1942年，赵疃民兵赵守福等在山枣埠、月牙桥、丁字街胡同、村内东西大街等雷区摆下地雷阵，先后炸死、炸伤日伪军180多人；在抗日战争中，赵疃民兵与日伪军共作战500多次，炸死、炸伤日伪军600多人，俘敌20多人，荣获"特等模范爆炸村"称号。现存地雷战遗迹有山枣埠、月牙桥、村南丁字街、村北十字街等处，原貌尚存，墙壁上留有当年地雷的炸痕。

1962年，八一电影制片厂拍摄的电影《地雷战》让赵疃村一夜成名。电影是经过艺术加工的影片，不说它的真实性，但是这种精神确实是赵疃人所拥有的。电影里的主战场赵家庄取自赵疃村，主要人物赵虎是根据赵疃村爆炸大王赵守福和另一位抗日英雄于化虎的事迹创作而成。

赵疃村作为地雷战的重要遗址被保存了下来，成为远近闻名的国防教育基地。现存地雷战遗址主要有：赵疃村西南百米处的"月牙桥雷区遗址"，村南中部小河以北水井一带的"丁字街雷区遗址"，村中"东西大街雷区遗址"，村北"十字街牌坊雷区遗址"。在这些遗址上，地雷炸痕至今仍清晰可辨。村中也建立了"赵疃地雷战陈列室"。1977年，赵疃地雷战遗址被列为省级重点文物保护单位。

1995年，在这片赵疃地雷战旧址上，时任中央军委委员、国防部长迟浩田上将，为地雷战纪念碑题字"地雷战精神永存"。

六、掖县玉皇顶抗日起义旧址

玉皇顶位于掖县（今莱州市）城北一公里处，它是一座方圆一里多、高高凸起的圆形大岭，岭中古刹玉皇庙见证了当年的起义壮举。1938年3月，掖县"民众抗敌动员委员会"（简称"民动"）各路武装先在玉皇顶集结，随后攻取了掖县县城，推翻了日伪政权，不费一枪一弹就解放了掖县县城，成立了胶东最大的抗日武装队伍，并建立了

胶东乃至全省最早的抗日民主政府——掖县县政府。

掖县县委领导的玉皇顶起义，是胶东除天福山起义之外发生在胶东大地上的另一起重大抗日武装起义。全国抗日战争爆发后，一大批共产党员和进步学生返回掖县。1937年10月下旬，掖县县委召开会议，研究组织抗日武装问题。经过一个多月的努力，6个分区委普遍建立抗日武装。

就在全县的抗日形势十分有利的情况下，国民党掖县县长却秘密逃走。于是，县委于1937年12月底召开会议，会议决定：把党组织领导的各股武装统一起来，组成掖县民众抗敌动员委员会，吸收民众参加抗敌前进队；以各股武装人员和枪械的多少，派出代表，组成民众抗敌动员委员会的领导机构。

1938年2月1日，日军侵占掖县城。县委以"抗敌锄奸，开展广泛的游击运动，并迅速建立军政抗敌政府"为中心任务，利用一切关系争取各区区队，在各乡镇、村落成立自卫团，根据不同情况，采取不同方式，争取了若干区队的一部分人员，接受民众抗敌动员委员会的领导。

3月8日夜10点，各路部队到县城西北玉皇顶举行武装起义。起义部队进城后，很快缴了伪保安队、警卫队的枪，占领了伪县政府和公安局，活捉了伪县长，摧垮了伪政府。到第二天上午10时，起义军一枪未发，占领县城。

武装起义胜利当天，"民动"改编为胶东抗日游击第三支队，并建立了胶东乃至全省最早的抗日民主政府。至4月底，三支队已发展到3700多人（枪），是当时胶东人数最多的一支抗日武装力量。此后，在中共掖县县委的领导下，全县民众踊跃参与抗日斗争，采用游击战、麻雀战、地雷战等，在掖县历史舞台上演出了一幕幕威武雄壮、有声有色的革命史诗。

1954年，在玉皇顶抗日武装起义的原址上修建了莱州市革命烈士陵园，陵园为安葬着 90 多名掖县籍的著名烈士和近千名无名烈士。陵园里花木繁茂，松柏长青，烈士陵堂庄严肃穆。陵园周围种植了迎春花，每当春寒之际，竞相开放。无数先烈用自己的生命换来了人民的幸福生活，也正是先烈那种百折不挠、前仆后继的奉献精神，鼓舞着胶东人民在实现伟大中国梦的征程中不断前行。

七、北海银行旧址

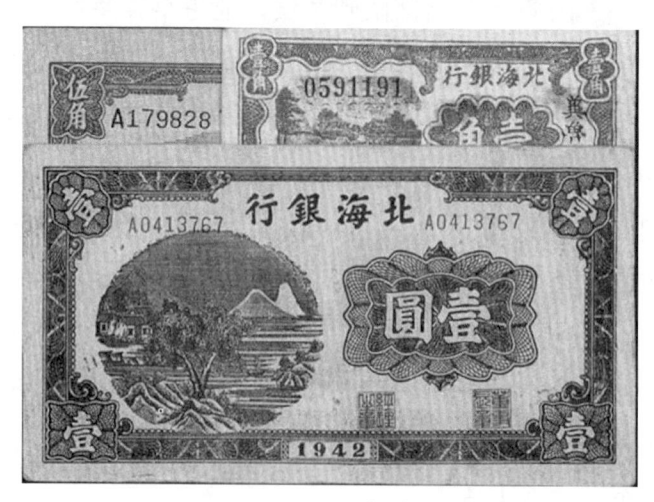

北海银行从 1938 年 4 月发起筹建，到同年 12 月底被迫转移，在

第四章 不朽的丰碑

其诞生地掖县（今莱州市）的时间还不满 300 天，但其在胶东红色历史上却有着非常重要的地位。在现今的莱州市中心有条鼓楼街，北海银行旧址就在其中一个十字路口南路西，现在是莱州市文昌派出所所在地。

初期的北海银行是公私合营性质。1938 年 8 月，中共胶东特委领导的山东人民抗日救国军第三军与掖县胶东抗日游击第三支队合编。之后，蓬、黄、掖三县抗日根据地连成一片，在三县抗日民主政府的基础上又成立了北海区行政督察专员公署。同月，筹备中的掖县银行交由胶东特委领导，采用公私合营的形式筹集资金，考虑到隶属关系的变化，在五支队司令员高锦纯的提议下，掖县银行改称为"北海银行"。最初发行了掖县版的北海银行币，票面上的"北海银行"四字为邢松岩所书，发行的壹角、贰角以掖城火神阁为主景，伍角以掖城鼓楼为主景，壹元以掖县抗日民主政府院为主景，纸币右下角签有"振元"二字，说明是掖县人邓振元设计绘制的，由掖县同裕堂印刷局用道林纸石印。这是最早的一批北海银行币，因其发行量少、流通范围小及流通时间短，实物得以流传至今的极少，因此加盖"掖县"的这种纸币均较珍罕。

1938 年 10 月，首批北海币在掖县城西门里同裕堂付印，票面有壹角、贰角、伍角、壹元四种，正面图案均为掖县古迹文物，有县政府门景、鼓楼、火神庙及玉皇顶全景，并在票面上加印了"掖县"字样，首批印制的北海币打上了深深的"掖县"地方烙印，使得"掖县"胶东半岛西北部的滨海小城，在新中国的金融发展史中占据了不可或缺的一席之地。

1938 年 12 月 1 日，北海银行正式营业，并向社会首次发行了 9.5 万元北海币。但是北海银行在掖县开业不久，日伪武装大举进攻掖县，早期的北海银行暂时停业。

1938 年 12 月 30 日，北海银行总部正式离开了它的诞生地——掖县。从筹建到离开,北海银行与掖县的历史交集不过300天,但北海银行发行的北海币以及其对掖县金融秩序和货币市场产生的影响却在不断扩大,直到10年后北海币才正式退出历史舞台。

八、西海地下医院遗址

地下医院当年用于磨药的石臼

位于现今莱州市王门村。一个普通的水井口,下面却是纵横相间的地道,里面连通着的是一个个救治伤员的医疗区,最近的医疗点据敌人据点不足5里……就是这些在敌人脚下的地下医院,为抗日军民提供了可靠的医疗保障,成功救治了2000多名伤病员,在胶东敌后战场上创造了罕见的奇迹。

1942年11月初,为应对日伪军对大泽山抗日根据地的"拉网扫荡",西海军分区决定将卫生所等撤出大泽山区,分批转移到掖南县近40个村庄,隐蔽开展工作,军民称为地下医院。地下医院共设6个医疗区。中心医疗区位于王门,收治重病号伤员。朱旺医疗区和西北障医疗区属于绝密区,离敌人据点最近地方不足5里,南掖医疗区则救治一些轻伤员。这些医疗区横跨40多个村庄,每个村庄都挖有地道、地洞,用于伤员临时隐蔽。各村纷纷在夜间挖洞,为卫生所的安全做好充分准备。同时，为防止敌人"扫荡"，将洞口设在锅灶下、箱子下、水井里、草垛里、猪圈里、坟丘里等隐蔽地方。

同时为了及时安全地把前方转来的伤员送到地下医院治疗，卫生所还建立了一条秘密交通线。郝家村是伤病员出入院的中转站，伤员在此脱下军装换上便衣，被接收入院。轻伤员留在南掖医疗区，重伤员转送到王门。郝家村和附近几个村庄组织了担架队，每副担架配5名担架员，4个人抬、1个人带路并换手。为了安全，都是天黑后才出发，向北到达云峰山，从神仙洞东面的山凹里进山。山路崎岖，又不能照明，遇到上下坡时要随时调整担架的高低，保持平稳前行。每次到达山顶时，即便是在寒冬腊月，担架员的衣服也总能被汗水湿透。

在医疗卫生条件异常艰苦和极度缺医少药的情况下，工作人员开始尝试着自己动手土法制造生产脱脂棉、蒸馏水、氯化钠等最普通的物品，甚至找出许多民间偏方来给伤员治病，比如上山挖草药，用荠菜酒止血，用大蒜治肠炎、痢疾，用生姜、大葱头治感冒，用艾蒿针灸关节炎等。

就是在这样异常艰苦的环境中，西海地下医院成功救治了2000多名伤病员，为抗日军民提供了可靠的医疗保障，在胶东敌后战场上创造了罕见的奇迹。现仅有少数村庄尚留有医院遗存。

九、山东抗大三分校旧址

在胶东半岛的烟台栖霞，有座被称为"中国民间小故宫"的封建地主的豪华院落，也是我国保存最完整、最典型、北方最大的地主庄园——栖霞牟氏庄园。整个建筑由四合院构成，内含若干疏密有致的房舍，古老的墙壁诉说着历史的印记。战火硝烟的年代，抗大三分校曾在这个院落里办学，这里曾经为部队和地方各级培养了大批党的优秀人才。牟氏庄园的抗日军政大学展览馆的墙上，有一排醒目的大标题——"谨以此馆纪念为抗日作出贡献的英雄们"，标题的下面是抗日军政大学的历史事迹介绍和珍贵图片展。原中央军委副主席迟浩田也曾在这里学习过。

抗日战争时期，胶东共有五块大的抗日根据地，两块建立在栖霞境内，其中之一便有依托艾山地势建立的艾崮山抗日根据地。

艾崮山区是艾山和崮山的合称，位于栖霞、黄县、蓬莱三个县交界处。此地群山环绕，地势险要，易守难攻，历来为兵家必争之地。另外，这里有觉悟高的群众，基础好，并且又远离栖霞、蓬莱、黄县三个县城，是日军统治力量和军事控制较薄弱的地方，非常适合抗日部队安营扎寨。当时的栖霞县委在根据地设立了战时民众教育馆，陆续办起了冬学、民众学校、妇女识字班和"小先生"辅导班等学校和夜校，把艾崮山区建设成了胶东著名的抗日根据地，这在当时有红色"小苏区"之称。

栖霞解放后，胶东军区教导二团由凤凰庄搬到栖霞县城，团部进驻位于栖霞的牟氏庄园，最开始称为山东抗日军政大学第三分校，1942年更名为胶东军区教导二团，学员增至2000多人，编成30个学员队，其中知识青年占三分之二，被称为学生队。为了保证教学效果，实现培养干部的目标，学校开展了学习创模运动、百日大练兵和整纪创模运动。百日大练兵中，学员每天早操要坚持10公里的全副武装跑步，起初大部分人员不适应，经过训练，不但适应了，而且驾轻就熟。上午和下午练战术，包括编排进攻、防御和射击、投弹、刺杀等，其中最紧张的是实地演习，从制定作战方案到战斗结束，如亲历了一次真枪实弹战斗的全过程。苦练几个月后，学生连的白面书生都变成了身强力壮的"小老虎"。

这期教学不同以往，为适应战斗需要，增设了机枪与炮兵等特科队，注重高层次军事技术训练。栖霞城区的白洋河畔及场园，到处都是大练兵的紧张场面。1946年7月，国民党发动了全面内战，二团学员提前毕业，分赴军队和地方各条战线。1947年，教导二团改称山东军政大学胶东分校。山东军政大学胶东分校全部离开栖霞。1950年，合并于华东军政大学。"抗大"三分校在栖霞的革命斗争史上留下了光辉的一页。

胶东抗大在栖霞境内办学近十年，为部队和地方培养了大批党的优秀干部。其中原中央军委副主席迟浩田和其兄迟浩谦曾在教导二团学习。

2003年9月9日，原中央军委副主席迟浩田为栖霞题词："栖霞山河娇牙山红旗飘，抗大扎营盘豪杰多荣耀。"

十、胶东革命烈士陵园

第四章 不朽的丰碑

胶东革命烈士陵园坐落于山东省栖霞牙山东麓英灵山，始建于1945年抗日战争胜利前夕，是胶东地区最大的烈士陵园，为省级文物保护单位。陵园占地760亩，纪念建筑物303处，是中国共产党组织人民群众建成最早、纪念抗战烈士最多、占地面积最大的抗战烈士陵园。

胶东革命烈士陵园是1945年为纪念八年抗日战争期间牺牲在胶东大地上的20850名烈士而修建的一组由纪念堂、纪念塔、群雕、铜像及烈士墓、碑、亭等建筑群组成的大型烈士陵园，1995年被列为国家级爱国主义教育基地。陵园内安息着包括胶东抗战时期党政军领导人理琪、林江、于克恭、王文及战斗英雄任常伦、爆炸英雄王克山等著名抗日英雄。陵园入口处"浩气长存"、"英名千古"两座牌坊中间，屹立着"英灵再现，永世致哀"的大型铜雕。烈士纪念堂内分别展出了张静源、张连珠、理琪、王文、于已午、于一心、任常伦、夏侯苏民、解文卿等37位著名烈士事迹，以及革命先烈从事革命斗争的珍贵文物。如闻名胶东的"一一·四"暴动时用过的大刀、长矛、土枪；著名天福山起义时"山东人民抗日救国军第三军"的大旗；胶东特委书记理琪烈士1936年写给各级党组织的信和他使用过的办公桌、手枪、钢笔等。战史厅以发生在胶东土地上的七个重大历史事件的文字介绍及图片为展示主线，清晰地展现了"一一·四"农民暴动、天福山武装起义、雷神庙战役、马石山反扫荡战斗、海阳地雷战、长沙堡战役以及胶东保卫战这些重大历史事件的相关内容。同时还展出有许世友、李耀文等十八位曾经在胶东土地上战斗过的共和国将军名录，以及土地革命时期农民暴动、抗日战争时期、解放战争时期、抗美援朝时期我军曾缴获并使用过的部分武器五十件。展柜内还陈设有天福山武装起义使用的军旗，雷神庙战役中击落敌机制作的生活用品，以及海阳地雷战保存下的地雷等文物。缅怀厅位于纪念堂的中间，也称为中厅。缅怀厅的正面墙上为毛主席题词的"人民英雄永垂不朽"八个大字，西面墙上刻有胶东革命史略，东面墙上刻有胶东地区主要战役战斗示意图，上方为红色五星图案罩顶，主要用于机关团体和社会各界群众来园举行悼念先烈仪式。英烈厅内分三个历史时期进行展出，分别是土地革命时期、抗日战争时期和解放战争时期。共展出了胶东著名烈士理琪、王文、任常伦、夏侯苏民、解文卿等39位烈士的光荣事迹，其中展出了烈士相关史料图片77张，烈士遗物95件。展厅内除了实物展出及图文解说方式外，还综合运用音响、沙盘、雕塑等多种形式，增强教育效果。

通过烈士纪念堂，登上152级石阶，就来到被松涛包围着的陵园的主墓——"理琪墓"。从理琪墓上行，登上632级行阶可直达山顶。高耸入云的"胶东抗日烈士纪念塔"矗立其上。塔成六角菱形，正面镌刻着"胶东抗日烈士纪念塔"9个遒劲大字，其他5面刻着5716名抗日烈士的英名。纪念塔右侧75米处的陡峭巨石上，矗立着抗战时期山东军区一级战斗英雄任常伦的铜像。任常伦铜像与英雄墓之间筑有"英雄亭"，与东岭上的"胜利亭"遥相呼应。英灵山前的栖霞第四中学院内，有宋庆龄捐建的胶东国际和平医院旧址。

胶东革命烈士陵园留下了大量的历史遗存，有战争遗址、雕塑、纪念塔、纪念堂、纪念亭等，还有许多烈士生前用过的书包、枪支、子弹、桌、椅子等珍贵文物，都成为今天重要的人文旅游资源，形成了英灵山红色旅游资源的坚实载体。以胶东抗日和解放战争为主题的红色革命精神和优良革命传统以及承载的革命先烈事迹，形成了英灵山红色旅游资源精神内涵。气势恢弘的烈士纪念堂内，珍藏着114件革命文物，并以专刊形式简介了胶东抗日革命历程及十余位胶东著名烈士的英雄事迹。位于775级台阶之上，英灵山主峰的胶东抗日烈士纪念塔，挺拔宏伟，令人肃然起敬。胶东抗日烈士纪念塔及分布于山两臂的名录塔铭刻着20000多名烈士的名字。这一切都系统地再现了当年革命先烈的英勇献身精神和艰苦卓绝的斗争历史，是新时代开展革命题材教育和爱国主义教育的生动课堂。

第五章　胶东红色文化的当代价值

胶东，是一片红色的热土，这片红色的热土孕育了胶东红色文化。胶东红色文化孕育于革命战争年代，成熟于社会主义建设时期，在当前新时代继续向前发展，是胶东人民的精神指引。100年前，在中国共产党的领导下，胶东人民为中国革命的胜利和新中国的诞生，付出了巨大牺牲，作出了重大的贡献。胶东红色文化在新中国成立之后继续向前发展，不断指引着胶东人民走向美好幸福的新生活。当前胶东红色文化精神可以进一步概括为："听党指挥，敢闯敢冒，勇于牺牲，艰苦奋斗。"胶东精神是中国革命精神的重要组成部分，胶东红色文化历久弥新，并呈现出自身独特的精神价值，这些特质流动在人们的意识中，为红色文化的完善、丰富、发展指引方向，在中国特色社会主义进入新时代的大背景下，仍然焕发生机活力，是当前胶东地区的精神信仰，指导人们继续前行。胶东红色文化具有丰富的内涵，其当代价值突出表现在凝聚改革共识、提升文化自信、丰富人民的精神内涵，有利于培育民族精神、引领时代主流和社会风尚等方面。

第一节　胶东红色文化的精神特质

从中国共产党成立到新中国的诞生,胶东革命是中国革命的重要组成部分,胶东地区在长期的革命抗战中形成了宝贵的胶东红色文化,胶东红色文化中孕育的革命精神与井冈山精神、延安精神、西柏坡精神既具有一致性,又具有鲜明的特色。胶东地区独特的地理位置形成了独特的民众心理,从而使得胶东红色文化具有独特的精神风貌、价值主体和文化特质。如果说井冈山精神、长征精神、延安精神和西柏坡精神的创造主体是以毛泽东同志为主要代表的中国共产党的先进分子,这些精神使得中华精英之光而备受世人瞩目,那么胶东革命精神的创造主体则是胶东人民。而且相对于其他革命精神,胶东革命精神中特别强调"敢"的精神:敢闯、敢冒、敢吃苦、敢胜利、敢牺牲。胶东人民是胶东革命中的主体,把主人翁精神充分发挥了出来。自1920年马克思主义传入烟台后,在漫长的新民主主义革命过程中,逐步形成的胶东红色文化的精神特质主要表现为:视野开阔,追求进步;干事创业,勇于担当;通权达变,敢于革新;兼容并包,善于协和;顾全大局,甘于奉献。胶东红色文化与红船精神、西柏坡精神、长征精神、照金精神等,共同构成我们党在前进道路上战胜各种困难和风险、不断夺取新胜利的强大精神力量和宝贵精神财富。

一、"听党指挥、顾全大局、大公无私"的忠诚精神

在讲述红色文化的时候,应该注意"红色"这一概念在我国的具体指涉。"红色"在我国是有具体指向性的:在中国共产党成立之后地,"红色"代表的是中国共产党领导下的"中国革命",其中革命的领导阶级是中国共产党,革命的主体是广大中国人民;"红色"代表

着"进步"、"先进",指的是我们的革命是由先进的理论(如新民主主义革命理论)为指导的,以共产主义伟大目标为指引的,与"反动"、"落后"等概念是相对的。因此,当前的"红色文化"指的是"在革命战争年代,由中国共产党人、先进分子和人民群众共同创造并极具中国特色的、蕴含着丰富的革命精神和厚重的历史文化内涵的先进文化。"所以,不是所有中国近代以来发生的革命都是"红色革命",只有在中国共产党领导下的人民战争,我们才把它列入讨论范围。根据上述观点,胶东红色文化无疑属于红色文化,是了解中共党史的重要依据。

既然红色文化的领导权是中国共产党,而胶东地区作为党传播马克思主义最早的理论阵地,受到党的关怀最早,人民的共产主义觉悟早,政治敏锐性高,立场坚定,因此,胶东红色文化的最大特质就是"听党指挥、顾全大局"。回顾胶东党组织的诞生、发展(具体参见本书第二章),我们看到,胶东第一个共产党员就是直接在党中央关怀下发展起来的,而历史上到过烟台和直接领导烟台地区党组织发展的中共中央和中共北方局的领导人就有陈独秀、王荷波、邓中夏、周恩来、罗章龙以及柳直荀、彭雪枫、胡允恭等,胶东有跟党走的优良传统。胶东地区所有的重大斗争,如我党在刘珍年军队中的军运活动、天福山威海抗日武装起义、反对美军在烟台威海登陆、粉碎国民党军队重点进攻的胶东保卫战、抢占先机运兵东北、解放长山岛等都是在山东省委领导下进行的。

胶东红色文化的精神特质,还有一个重要方面就是在党的领导下联系群众、依靠群众、放手发动群众,胶东革命的实质就是党领导下的人民群众的革命,胶东人民在革命战争中显示出"听党指挥,顾全大局、大公无私"的忠诚精神。我们"从50多名成员发展到有着8500多万成员的大党,从几百个党派、无数'主义'中脱颖而出,把积贫积弱、内忧外患的古老大国带向经济总量世界第二的显赫位置,在这苦难而又辉煌的近百年的历史中,我们党一刻也没有离开过人民群众的支持和拥护。党的奋斗史,也是人民养育党、支持党、帮助党的历史。"在胶东,军爱民、民拥军的动人事迹层出不穷。为革命牺牲的一门三烈士、一门四烈士的家庭各县都有;在参军中父子同参军、兄弟争相参军,一门三英雄、一门四英雄也不少见。胶东兵工厂在日军扫荡中坚持生产,西海地下医院在地下坚持为伤员治病就是因为有了群众的保护才得以实现。在艰苦的斗争中,群众掩护党、支援党,这种忠诚精神是胶东革命取得胜利的根本原因。

遍布胶东山区的"山菊花"代表了坚韧、顽强的胶东人民的品格和性格,反映了胶东人民坚韧顽强、不畏艰险的奉献精神

北海银行反映了胶东人民顾全大局、大公无私的忠诚精神

胶东红色文化还有怀抱理想、不屈不挠、坚守信仰的精神特质，坚守共产主义信仰是胶东精神的基石。胶东党组织始终怀抱共产主义理想，坚决执行上级指示，积极开展革命活动、领导武装斗争，为胶东乃至全国全省解放建立了卓越功勋。胶东人民从中国共产党诞生后，经过大革命和土地革命战争时期的洗礼和锻炼，烟台人民深切醒悟到，只有跟随共产党，才能翻身解放，才能当家作主。他们积极参加工人罢工，反抗压迫剥削，踊跃参加农民暴动，打土豪分田地；他们公而忘私、舍小家为国家，自发送子参军、捐钱捐物、掩护伤员、随军支前等，这些感人事迹将永载史册。

总之，胶东红色文化的精神特质之一就是"听党指挥、顾全大局、大公无私"的忠诚精神，在这种精神的指引下，胶东革命取得了胜利，真理之花在胶东大地绽放。

二、"敢为人先，敢闯敢冒"的进取精神

胶东地处黄海、渤海，水路、陆路交通发达，烟台、青岛、威海港口城市开埠较早，蓬黄掖、文荣威渔农工商经济发达，与境外、海外联系密切。这种地理环境使得人民思想开放，容易接受新事物，敢闯敢冒，这从胶东党组织和群众抗战组成的成立都比较"早"中可以看出。胶东地区人才辈出，胶东干部南下江南、北上东北、西进鲁豫共有 6000 余人；在全国走到哪里都有胶东老干部，还有两位中央军委副主席。

胶东红色文化中具有"敢为人先，敢闯敢冒，思想解放，富有创新精神"的特质，主要表现为：

（1）在军事斗争中创造了山地游击战的多种战法。如破袭战、围困战、麻雀战、民众联防战，最有名的是地雷战。

（2）在政权建设上，是全省第一个建立了专署级的人民政权。后来，建立了全省最完善的胶东行政公署，四个海区公署到县、区、

乡、村的五级人民政权。还独立自主地制定了施政纲领和为民的法律法规，保证了革命政权的稳定发展。

（3）在经济建设上，建立了山东省唯一的人民银行——北海银行，创建了全省根据地中第一个人民海关——龙口海关，利用条件大力发展黄金开采，创建胶东兵工厂，并发展成为山东省乃至活动地区最大的军工生产基地。

（4）在文化教育上，胶东根据地内有多种报纸、刊物、抗战剧团，丰富了群众的文化生活。干部培养有胶东抗大、胶东公学，学校教育中各县有抗日中学、抗日小学，还有为群众扫盲的小先生制和炕头妇女识字班。

胶东红色文化中还具有"敢于担当"的精神元素。如果说敢闯敢冒是一种勇气的话，那么敢于担当更多的是一种政治胸怀与思想境界，是人民主人翁精神的极大体现与弘扬。"敢于担当"与胶东人长期以来所面临的复杂政治环境有关。从胶东几座较大的开埠城市来看，南有德国人把持下的青岛，北有全省开埠时间最早的烟台，东有英国人、后来是日本人租借下的威海，西有同样是外国人一手遮天的龙口等海滨城市。城市里的仁人志士、工商业者和商民除了勇敢面对，自觉担当起求存图强、实业救国等重任。在胶东广大农村，周围城市里的外国列强们对这里的市场占领、洋货倾销和劳动力掠夺等侵略行为，早早把大多数胶东人推到主人翁地位上。他们与国家、民族一荣俱荣、一损俱损的心理，可说是根深蒂固的。

正是在这种"敢为人先、敢闯敢冒"的精神指引下，胶东人民在新的伟大征程中从胜利走向新的胜利，推动胶东半岛实现了由革命老区向发达繁荣地区的转变。

三、"自我牺牲、艰苦奋斗"的奉献精神

在革命年代，勇于自我牺牲、艰苦奋斗是胶东红色文化的重要精神特质，胶东党政军民在胶东革命斗争中，不怕困难，艰苦创业，拼搏进取，在先后创立各级党组织、发挥核心领导作用的基础上，适时创建了胶东兵工厂，生产了大量武器弹药，为抗日战争和解放战争胜利立下了非凡功勋；创立了北海银行，在对敌开展经济斗争、发展解放区生产、保证部队供应、改善人民生活等方面发挥了重大作用，后来与华北银行、西北农业银行合并成立中国人民银行；创建了胶东军区，统一了胶东区内主力部队和地方武装的领导和指挥；创立了胶东区行政主任公署，担负起胶东地区抗战的行政领导工作；创造了地雷战，海阳民兵开动脑筋、不断创新，由最初的拉雷、绊雷、踏雷发展到夹子雷、梅花雷、真假子母雷等30多种，埋雷方法也由预埋待炸发展到飞行爆炸等，令敌人闻风丧胆。这种立足于艰苦条件开拓创新的精神，为胶东革命从斗争到胜利注入了不竭动力。

艰苦奋斗还体现在敌后根据地的开辟，胶东革命根据地从天福山起义后到山东人民抗日救国军第三军西进开始，依靠自己的力量，先后建立了蓬黄掖、平招莱掖、海莱栖、文荣牟威等小块根据地。后来通过艰苦奋斗建成了以大泽山、艾崮山、牙山、昆嵛山为依托的山东

省最大、最稳固的革命根据地。到1946年胶东区建成了拥有东海、南海、西海、北海和滨北五个大区，44个县区的大片根据地，并且成为山东根据地、华东根据地的巩固后方。

"自我牺牲"，参照胶东历史文化特点，特别是近现代主要革命特点，以及胶东人本身那种豪爽、诚挚性格与无所畏惧的革命精神等客观事实，"胶东精神"主题定义的实质就是"自我牺牲精神"。这也是由无数历史事实所充分证明了的，完全符合胶东人的特点和特性。它除了"沂蒙精神"中所具备的主要政治元素外，还可以证明胶东人的群体组合就是革命主体力量的重要组成部分。尤其是在共产党领导下，它更是一支具有独立革命能力的政治群体。长期以来，胶东一直面临着帝国主义、封建主义和官僚资本主义多重压迫，人们的政治立场与个人性格早就发生了根本性变化。他们面对敌人，面对国家、民族和同胞所遭遇的危机，不再漠视和犹豫，而是勇敢面对，奋起反抗，并且把个人命运与整个国家和民族的命运紧紧联系在一起。牺牲家庭和个人利益，甚至献出自己的生命，已成为绝大多数胶东人不屈精神的具体表现，更是对"自我牺牲"精神的最好诠释。

【胶东精神中的自我牺牲精神】

在抗日战争和解放战争中，胶东地区有7万余名先烈为革命献出了生命（全省烈士22万），占了全省三分之一。其中，有三位胶东特委书记（张静源、张连珠、理琪）和两位共产党县、市委书记（李伯颜、许端云）为解放事业献出了生命。据统计，在解放战争时期，全山东有69万名优秀青年参加中国人民解放军，胶东区就有38.28万。全国有4个集团军是在胶东地区组建的，还涌现了一大批将军，仅威海市就有300多位将军。胶东民工短期支前和短途支前的人数达28万人次，出动长期、远距离的支前民工达120万人次，还有胶东子弟兵团3万余人随军支前。再比如后来参军、支前，南下、北上的胶东人，更是数目惊人，闻名全国。

(资料来源：烟台日报)

拓展阅读

中国革命精神

中国革命精神是中国共产党领导全国各族人民在长期反对帝国主义、封建主义和官僚资本主义的新民主主义革命中创造的红色革命文化形态，主要体现在井冈山精神、长征精神、延安精神和西柏坡精神之中。

井冈山精神：井冈山是土地革命时期的根据地。在巩固和发展井冈山革命根据地的斗争中，中国工农红军创造了人民军队建设的一系列重要经验，形成了不朽的井冈山精神：胸怀理想、坚定信念；实事求是、勇闯新路；艰苦奋斗、敢于胜利；依靠群众、无私奉献。井冈山精神是中国革命精神之源，对中国革命历史进程产生了广泛而深刻的影响。

长征精神：长征是中华民族不屈不挠精神的典范。红军指战员在长征途中表现出了对革命理想无比忠诚坚定的信念，不怕牺牲、勇于胜利的无产阶级乐观主义精神，亲密团结、严守纪律的高尚品德，这些构成了不可磨灭的长征精神：不怕牺牲、前赴后继的精神；勇往直前、坚忍不拔的精神；众志成城、团结互助的精神；百折不挠、克服困难的精神。长征精神是井冈山精神的延续和发展，是保证中国革命从弱小走向强大的精神力量。

延安精神：延安是中国共产党和工农红军的根据地。党在此运筹帷幄，作出了关系中国革命前途命运的一系列重大决策，为夺取全国胜利奠定了坚实基础，并孕育出光照千秋的延安精神：坚定正确的政治方向；解放思想、实事求是的思想路线；全心全意为人民服务的根本宗旨；自力更生、艰苦奋斗的创业精神。延安精神是中国革命精神的灵魂，对中国历史发展进程产生着重大而深远的影响。

西柏坡精神：西柏坡是中国共产党领导全国各族人民和人民解放军与国民党进行战略大决战、创建新中国的指挥中心。在此，党不仅领导新民主主义取得全国胜利，而且实现了党的工作重心从农村到城市、从战争到建设的转变，并铸就了伟大的西柏坡精神：敢于斗争、敢于胜利的开拓进取精神；坚持依靠群众、坚持团结统一的民主精神；戒骄戒躁的谦虚精神、艰苦奋斗的创业精神。西柏坡精神是井冈山精神、长征精神、延安精神的继承和发扬，是中国革命精神发展的崭新阶段。

沂蒙精神：在艰苦卓绝的革命斗争中创造了辉煌的沂蒙精神：爱党爱军、开拓奋进、艰苦创业、无私奉献。沂蒙精神与井冈山精神、长征精神、延安精神和西柏坡精神等比较，最突出的特质是沂蒙精神创造于人民群众之中，彰显的是沂蒙人民之魂。"群体"这个词是沂蒙精神最鲜明的特色，是沂蒙人民自觉的精神创造。

（资料来源：新华网）

【思考】 你认为胶东红色文化的精神实质与其他红色精神相比，有哪些特点？

除此上述三个内容之外，胶东地区还有以智阻美军在烟台登陆与杨禄奎事件为代表的烟台军民外交精神，是解放区军民对外斗争的成功范例，也是其他革命老区所未出现的事例。

第二节　以胶东红色文化为指引
　　　　把伟大事业推向前进

　　胶东红色文化的精神特质主要包括：听党指挥、顾全大局；敢为人先、敢闯敢冒；自我牺牲、艰苦奋斗等。在这种精神的指引下，胶东人民在革命战争年代取得了胜利，胶东红色文化的内涵也随着时代的进步和社会的发展不断演变发展、丰富完善。在文化多元化的今天，胶东红色文化仍然是引领时代前进的主流文化，是激励人们坚定共产主义理想和信念的动力与源泉，胶东文化中的精神实质与我们当前中国特色社会主义建设的要求高度契合，在新时代焕发出新活力，指引胶东人民继续奋勇向前，不断开拓美好幸福生活。

一、胶东红色文化有利于凝聚改革共识，助力山东改革创新

　　中国特色社会主义经过长期发展，进入了新时代。党的十九大报告鲜明提出：中国特色社会主义进入了新时代。这是我们党准确把握我国发展新特点、新要求作出的一个重大政治判断，对于党和国家事业发展具有重大而深远的意义。中国特色社会主义进入了新时代，这是我国发展新的历史方位，标志我国社会进入发展新阶段，需要我们继续深入推进"四个全面"。"四个全面"即全面建成小康社会、全面深化改革、全面依法治国、全面从严治党。其中全面深化改革，就是要用改革的方法解决发展中的难题，改革不容易，肉都吃完了，该啃骨头了，改革阻力有很大一部分来自于思想层面的阻力。

　　当前，我国改革进入攻坚期和深水区，能否坚定信心、凝聚力量、攻坚克难，确保各项改革举措落地生根，直接决定着改革成败。党中央强调，"注意解决执行中统一思想的问题，凝聚改革共识，形

成改革合力"。"改革开放是决定当代中国命运的关键一招，也是实现中华民族伟大复兴的关键一招。"改革推进到今天，比认识更重要的是决心，比方法更重要的是担当。只有增强政治意识、大局意识、核心意识、看齐意识，自觉在思想上、政治上、行动上同以习近平同志为核心的党中央保持高度一致，才能使我们党更加团结统一、坚强有力，始终成为中国特色社会主义事业的坚强领导核心。

改革必须坚持党的领导。中国共产党为什么能带领人民，推动中国革命、建设和改革事业不断取得胜利？有人说，"抗战时期，毛主席就是用个电台，嘀嗒、嘀嗒地指挥我们。'嘀嗒、嘀嗒'就要无条件地执行。没有什么人来监督，也没有人来批评、斗争，大家都自觉地执行延安的'嘀嗒、嘀嗒'。"这是全党统一思想、向党中央看齐的生动例证。每个人的前途命运都与国家和民族的前途命运紧密相连，国家好，民族好，大家才会好。因而，统一思想、凝聚共识也应当凝聚最广泛的社会共识。习近平总书记指出："实现'两个一百年'奋斗目标，需要全社会方方面面同心干，需要全国各族人民心往一处想、劲往一处使。如果一个社会没有共同理想，没有共同目标，没有共同价值观，整天乱哄哄的，那就什么事也办不成。"另一方面，经济全球化与政治多极化深入推进，我们社会主义现代化建设面临外部挑战，当前我们引领社会思潮、凝聚社会共识的任务比以往更加艰巨：国际风云变幻莫测，各种思潮蜂拥而至，要在众声喧哗中凸显社会主流价值，在交锋交融中体现中国精神，加强社会主义核心价值观的宣传教育，强化红色文化教育，是很有必要的。

全面深化改革需要高度的共识，胶东红色文化中的"听党指挥、顾全大局"等精神特质，能够凝聚改革共识，为实现中华民族伟大复兴的中国梦提供精神支撑。胶东红色文化中的核心价值，正是这种时代要求的集中体现，这种精神为当前全面深化改革提供了价值共识，这是最重要的时代价值。当前，山东省着力建设海洋强省，实施新旧动能转化的新经济发展理念，提出要发展海洋文化，胶东红色文化与之高度契合。

拓展阅读

从思想层面上来说，当前山东省实施新旧动能转换，需要哪些理念的转变与支撑？

2018年1月3日，国务院批准《山东新旧动能转换综合试验区建设总体方案》，并指出《方案》实施要全面贯彻落实党的十九大精神，以习近平新时代中国特色社会主义思想为指导，贯彻新发展理念，坚持质量第一、效益优先，以供给侧结构性改革为主线，以实体经济为发展经济的着力点，以新技术、新产业、新业态、新模式为核心，以知识、技术、信息、数据等新生产要素为支撑，积极探索新旧动能转换模式，推动经济发展质量变革、效率变革、动力变革，提高全要素生产率，着力加快建设实体经济、科技创新、现代金融、人力资源协同发展的产业体系，推动经济实现更高质量、更有效率、更加公平、更可持续的发展，为促进全国新旧动能转换、建设现代化经济体系作出积极贡献。……山东为何如此重视"新旧动能转换"？山东有"两个70%"：传统产业占工业比重约70%，重化工业占传统产业比重约70%。在供给侧结构性改革和经济新常态的当前，山东要实现新发展必然要转换动力。

当前，山东省委强调指出，推进新旧动能转换，思想理念需要先行。胶东红色文化中的精神特质，如听党指挥、顾全大局、敢闯敢冒、牺牲奉献等宝贵的革命精神，能够助推新旧动能转换方案的实施。比如，"胸怀大局"的胶东精神是当前改革的重要保障，胶东人民早早就形成了比较开阔的胸怀与丰富的政治阅历，对社会事物的看法与态度更加开放与包容，他们总会把个人和本地的事情与整个社会放在一起去考虑，这是当前全面深化改革最需要弘扬的精神。另外，胶东又是全省和全国革命老区，共产党人在这里的活动几乎与党的诞生时间同步。共产党能够及时把自己的政策主张、奋斗目标广泛传播开来，有力地提高了胶东人民的民族意识与大局意识，并牢牢地主导着各自的行动。在胶东人面前，"胸怀大局"是实实在在的行动。

拓展阅读

烟台市政集团发扬"勇于争先，艰苦奋斗"的精神，推进烟台文化事业向前发展

从负债百万到资产数亿，从难达温饱到回馈社会，从白手起家到多元发展，时代潮流在变，但烟台市政集团对文化引领企业发展的执着始终未变。"文化市政、百年集团"是市政人至高的追求，也是市政人团结奋斗、奋勇向前的力量之源。

1997年8月，背负着110万元的债务和30余名职工养家糊口的压力，靠着一部电话、一辆手推车，烟台市政建设集团有限公司正式改制成立了。公司成立之初，缺工程、缺资金、缺设备、缺人才，公司承揽的第一个工程是造价3000元的毓璜顶医院围墙砌筑工程，几位公司的老同志硬是凭着一种不服输的气魄，靠人工开挖、夯实和搬运，车拉手抬，肩挑背扛，克服了重重困难，将公司引入了不断发展的快车道。

从负债百万到资产数亿，从最初的单一市政施工业务，到成为布局工程施工、工业地产、绿色生态农业、文化产业、健康地产五大产业板块于一体的大型综合性企业集团，烟台市政集团靠的就是"勇于争先"那股子劲头，塑文化凝聚力量，创品牌赢得信誉，强实力占领市场，获得了社会广泛的赞誉。

（资料来源：烟台晚报）

【思考】 从上述材料中能够体现烟台市政集团的何种精神，它与胶东红色文化有什么契合之处？

此外，胶东人具有不畏艰险、勇于争先的思想意识，接受新事物比较快，开拓创新，敢为天下先，这是当前全面深化改革最需要的精神特质。永远争先的追求，也是新中国成立以后特别是改革开放以来烟台经济社会发展发生翻天覆地变化的真实写照，正是这种意识，使得烟台位列全国14个沿海开放城市之一，成为全国罕见的既是革命老区又是经济发达地区的城市。

烟台经济全国排名第 14 位，全面建成小康社会全国排名第 34 位

总而言之，胶东革命精神具有紧跟党走、爱国爱民族的坚定政治立场，具有党、军队和人民鱼水情深血肉相连的情怀，具有各阶层人民风雨与共、同舟共济的团结思想。胶东红色文化中的这些精神特质，不仅属于革命年代，更是当前伟大斗争所必需的，为当前我们建设海洋强省提供了精神和动力支撑。以"一切为了人民"为根本出发点，以自力更生、艰苦奋斗为基本立足点，倡导无私奉献、团结协作的集体主义精神，助力山东省经济社会的转型与发展。

二、胶东红色文化能够提升文化自信，进而提升文化软实力

文化是人类生生不息的精神家园，是一个国家和民族发展进步的根脉。红色文化是中华民族优秀传统文化和中国共产党几代领导人的智慧相结合的文化结晶，是中华民族特有的先进文化，是国家文化软实力的根基。习近平总书记指出："中国特色社会主义是改革开放以来党的全部理论和实践的主题，全党必须高举中国特色社会主义伟大旗帜，牢固树立中国特色社会主义道路自信、理论自信、制度自信、文化自信，确保党和国家事业始终沿着正确方向胜利前进。"总书记的重要讲话旗帜鲜明，要求我们必须高举伟大旗帜，牢固树立"四个自信"，以新的精神状态和奋斗姿态把中国特色社会主义推向前进。其中文化自信是更基础、更广泛、更深厚的自信。

文化自信是支撑道路自信、理论自信、制度自信的基础，是道路自信、理论自信和制度自信的内在要求和必然结果，文化自信能使理论自信更有理性、道路自信更有行动、制度自信更有保障。文化自信不仅渗透于三个自信之中，而且可以深入中国特色社会主义建设的一切活动、一切方面。正是我们以在5000多年文明发展中孕育的中华优秀传统文化为"源"，以在党和人民伟大斗争中孕育出的革命文化和社会主义先进文化为指引，才使中华民族历经磨难始终保持了多民族统一的中华文明，才使我们党领导各族人民创造了当代中国惊天动地的发展奇迹。

可以说，今天我们强调的社会主义文化自信积淀着中华民族最深层的精神追求，代表着中华民族独特的精神标识。但是当前在国际国内新形势下，我们文化"不自信"的情况——否定或缺少文化自信的言行时常出现：有人歪曲历史，在网上散布雷锋的事迹是假的、焦裕禄的事迹也是假的；有人贬损中华民族，说中华民族没有信仰；有人鼓吹历史虚无主义，否定中华民族几千年创造的伟大文明；有的人和

党员干部不信马列信鬼神，不信科学信迷信；有些人极力推崇西方的价值观和信仰，说西方的民主是迄今为止人类最好的政治制度……凡此种种，都是否定我们的文化或缺乏文化自信的言行。在这样的形势下，强调坚定文化自信，是十分必要而及时的。习近平总书记一再强调指出，历史和现实都表明，一个抛弃了或者背叛了自己历史文化的民族，不仅不可能发展起来，而且很可能上演一场历史悲剧。

拓展阅读

历史虚无主义的消极影响

虚无中华优秀传统文化及主流价值观，削弱人们的文化自信。今天人们愈益深刻地认识到，中华优秀传统文化是中华民族的血脉、灵魂和根基，是中华民族区别于其他民族的根本标志，也是中华民族屹立于世界民族之林的坚强支撑。然而，历史虚无主义者却无视中华优秀传统文化的优势、特质、精髓，一味地鼓吹西方文化，极尽"贬低""丑化""矮化"中华优秀传统文化之能事。他们认为，只有把中华传统文化连根拔起，在一片文化废墟上重新植入西方"先进文化"，中国现代化才有出路，否则就是死路一条。

虚无中国的文明、人种、传统文化，就是虚无中华民族的民族特点、民族差别、民族特质。"项庄舞剑，意在沛公。"历史虚无主义开出的药方是世界各民族的文化发展和现代化只有一条路——"全盘西化"。不仅如此，历史虚无主义还歇斯底里地往我们的主流价值、道德和信仰上面"泼脏水"，其险恶用心在于进一步摧毁国人的文化自信。历史虚无主义者利用目前中国社会转型期的价值和道德取向多样化，多种思想观念相互竞争、相互激荡，企图从根本上否定中华优秀传统文化以及我们的社会主义核心价值观和社会主义道德。历史虚无主义不但颠倒了历史，而且搞乱了人们的文化观、历史观和价值观，导致是非、美丑、荣辱标准颠倒，导致文化自信不复存在。

历史虚无主义思潮热点事件层出不穷：

一是借助国际时事，全面质疑和否定党的领导地位。如借俄罗斯、乌克兰等国家对列宁和国际共产主义运动的"政治清算"，解构我们党的历史，质疑中共政权的合法性，否定马列主义。例如，俄罗斯民众捣毁列宁像等事件，否定俄国"十月革命"，被别有用心者用来否定中国革命的理论根基和实践方式，对主流意识形态形成攻击与负面冲击。

二是置历史发展大势于不顾，以碎片化历史细节"否定"和"还原"历史整体。如2017年初，有人打着"揭秘""女权""人道"等的幌子，擅用自己与先辈相比所拥有的回望历史的权力，肆意否定党史、国史、军史，鞭挞先辈们参与创造的大历史，否定和亵渎先辈们在推动国家建设和发展过程中所作出的伟大贡献。

三是网络上开始出现多种形式的"恶搞"来亵渎历史，解构民族记忆和民族情感。如上海某公司为追求商业效应和经济利益，非法制作并传播含有明显戏谑色彩的"慰安妇"老人表情图像，公然践踏道德底线，罔顾民族情感和民族记忆，将那段苦难和屈辱的民族历史娱乐化。在消费这段痛苦历史的同时，让更多人陷入历史虚无主义之中，并开始健忘历史，无疑是对历史和民族的背叛。另外，近期《黄河大合唱》被恶搞的视频在网络上引起巨大轰动，这种恶搞和篡改经典作品的行为在挥霍和愚弄民族精神与历史的同时，也在无形中解构和消解着道义底线和主流价值，使得民族记忆和价值认同愈发虚无。

（资料来源：中国共产党历史网，作者：黄楚新）

【思考】从文化传播的角度来看，如何应对历史虚无主义对我们当前主流价值观的挑战？

胶东红色以中国共产党的革命抗战史呈现，本身具有弘扬革命文化的意识形态功能，弘扬胶东红色文化有利于提升文化自信，进而提升全省、国家文化软实力。自信来自于"真信"，一个人要"认识自己",一个民族也要"认识自己",文化自信就是通过了解历史、坚定理想信念实现的,当前提炼并践行红色文化有利于提升文化自信。

胶东红色文化的精神内核和文化特质体现在物质与非物质层面中(详见前文),是提升文化自信的重要教育资源。从理论层面来看,胶东革命史尤为重要,习近平总书记一再强调:"革命传统资源是我们党的宝贵精神财富,每一个红色旅游景点都是一个常学常新的生动课堂,蕴含着丰富的政治智慧和道德滋养。要把这些革命传统资源作为开展爱国主义和党性教育的生动教材,引导广大党员干部学习党的历史,深刻理解历史和人民选择中国共产党的历史必然性,进一步增强走中国特色社会主义道路、为党和人民事业不懈奋斗的自觉性和坚定性,永葆共产党人政治本色。" 正如总书记所说,每到井冈山、延安、西柏坡等革命圣地,都是一种精神上、思想上的洗礼。"每来一次,都能受到一次党的性质和宗旨的生动教育,就更加坚定了我们的公仆意识和为民情怀。历史是最好的教科书。对我们共产党人来说,中国革命历史是最好的营养剂。多重温这些伟大历史,心中就会增加很多正能量。"习近平总书记还强调,红色基因产生于艰苦卓绝的革命实践,是中国共产党人的本色,也是中华民族的精神口粮,将为实现中华民族伟大复兴的中国梦凝聚强大动力,多来红色基地、红色景点看看很有必要,要让广大党员干部知道现在的幸福生活来之不易,多接受红色基因教育。

以史为鉴,可知兴替,胶东红色文化就是最好的历史教材。"各级领导干部还要认真学习党史、国史,知史爱党,知史爱国。要了解我们党和国家事业的来龙去脉,汲取我们党和国家的历史经验,正确了解党和国家历史上的重大事件和重要人物。这对正确认识党情、国情十分必要,对开创未来也十分必要,因为历史是最好的教科书。"忘记历史,就意味着背叛。学习胶东红色文化,浸润红色文化,就是在引导奋进在中国特色社会主义发展新阶段的亿万群众特别是年轻一代更好"认识自己",即认识真理与谬误、理想与追求、奋斗与牺牲、前进与挫折,从哪里来,往哪里去,进一步坚定中国特色社会主义"四个自信"。弘扬胶东红色文化,能够形成强大的向心力,形成文化力,提升文化自信。

一切历史都是当代史,胶东革命抗战史也不例外。波澜壮阔的胶东革命史,是一部不断唤起新时代胶东人民文化自信、凝聚共识、坚定理想信念的发展史,正视、挖掘、用好这笔精神财富,对于以新的精神状态和奋斗姿态把胶东地区社会主义建设推向前进、引领胶东群众奔向美好幸福生活,具有十分重要的现实意义。

三、胶东红色文化能够丰富当代人们的精神世界

胶东红色文化是中国人民在时代发展的潮流中形成的中华民族特有的民族文化,在社会主义核心价值体系建设中发挥着特殊的作用,它蕴含着爱国主义、集体主义与社会主义、共产主义以及无私奉献、艰苦奋斗、自强不息、依靠群众、为了群众等核心理想信念,是胶东人民的精神支柱和行动向导,有利于人们树立正确的世界观、人生观和价值观。

胶东红色文化有助于丰富人民群众,尤其是当代大学生的精神内涵,具有重要的思想政治教育功能。总体来看,红色文化是一种先进的政治文化,具有教化作用、凝聚作用、规范作用、传承作用、导向作用、激励作用,当前应该充分发挥红色文化的思想政治教育功能,尤其是在丰富人民群众的精神内涵方面,突出红色文化对人品德信仰结构的塑造。

中国特色社会主义事业进入新时代,新时代特质生活固然重要,但是精神生活更不可或缺,精神层面的追求与享受才是人之为人的重要属性。胶东红色文化蕴含着丰富的精神内涵,把这些精神内涵传承下去,有利于丰富人民群众的精神世界,增强社会主义国家的软实

力。比如，新时代创新拼搏精神已成为胶东城市的时代精神，特别是在改革开放的伟大实践中得到空前彰显和弘扬。

胶东红色文化能够丰富人们的精神文化生活，不断满足人民群众日益增长的精神文化需求，能够激发人民群众的情感共鸣，培养积极的道德情感。随着全球化进程的加快以及网络的迅猛发展，国外各种思潮涌入，人们的思想越发多元，社会上的一些不良思潮，如拜金主义、个人主义、享乐主义等影响着人民群众的价值追求。胶东红色文化上溯历史，涵盖现实，延伸到未来，包含着丰富的精神文化、远大的共产主义理想、全心全意为人民服务的崇高精神，以及艰苦奋斗、勤俭节约、百折不挠、奋发图强、忠于职守、爱岗敬业等优秀的红色精神品格，能够抵抗不良价值观对我们的侵袭。

胶东红色文化有利于培育以爱国主义为核心的民族精神。红色文化在不同的历史时期，不断被赋予新的内涵并展现出不同的风貌，具有鲜明的革命性和时代性，将红色文化的内涵与精神品格融入国民教育体系之中，充分发挥红色文化资源的导向功能，有利于加强和改进新时期的爱国主义教育，弘扬和培育中华民族的伟大民族精神。烟台人民自1840年鸦片战争以来，深受压迫和剥削，爱国主义热情得到最大限度的释放。新时代弘扬爱国主义精神，应该在传承革命精神的同时吸收新的精神元素，要善于与各种不同的社会思潮交锋、对话，用积极的道德情感维护国家和民族的尊严，旗帜鲜明地批判错误言行，抵御思想堕落腐化。

胶东红色文化有利于坚定理想信念，理想信念是精神之钙。革命理想高于天。理想信念是思想行动的总开关、总闸门。一个政党的衰落，往往从理想信念的丧失或缺失开始；一个政权的瓦解，往往从思想领域开始。习近平总书记高度重视理想信念教育，多次强调"革命理想高于天"。要把我国发展得更好，离不开理想信念的力量。我们共产党人锤炼党性，首要的就是坚定共产主义远大理想和中国特色社会主义共同理想。习近平曾将理想信念比喻为共产党人精神上的"钙"。他强调，理想信念坚定，骨头就硬，没有理想信念，或理想信念不坚定，精神上就会"缺钙"，就会得"软骨病"，就可能导致政治上变质、经济上贪婪、道德上堕落、生活上腐化。对马克思主义的信仰，对社会主义和共产主义的信念，是共产党人的政治灵魂，是共产党人经受住任何考验的精神支柱。这对新时代来说，亦是如此。胶东红色文化具有的坚定理想信念、忠诚团结等就是最生动的理想信念教材。坚定理想信念表现为对党和人民事业的忠诚，对共产主义和社会主义理想的忠诚，是对民族解放和人民幸福的忠诚，这对大学生具有重要启示意义。利用胶东红色文化资源对学生进行革命传统教育，能够让广大学生在体验式教学中，体会革命先烈把个人的人生目标同祖国和民族的前途联系起来的伟大情怀。这既可以使学生们牢记历史，不忘革命先烈的丰功伟绩，培养学生的爱国主义情操和民族精神，又可以让学生深深体会到今天的幸福生活来之不易，帮助他们坚定理想信念、端正价值取向、找准人生坐标、明确人生追求，起到正本清源的作用。因此，要通过弘扬胶东红色文化让人们充分意识到，与催生红色经典的革命与战争年代相比，我们今天身处的时代虽已没有了战火硝烟，但这仍然是一个处于历史转折时期的新时代，它所引发的人们思想观念的震荡丝毫不逊于革命战争年代，胶东红色文化仍然具有极高的时代价值。

第三节　大力弘扬胶东红色文化

"巍巍昆嵛山，耸立起胶东精英无限忠诚的不朽丰碑；滔滔夹河水，抒不尽胶东人民无私奉献的豪迈情怀。"中国特色社会主义进入新时代，文化发展也进入新时代，当前胶东地区应该大力弘扬胶东红色文化，使之不断焕发时代活力。

一、创新胶东红色文化品牌

文化也需要创出品牌，才能广泛传播，发挥出文化的影响力与感召力。当前要发挥胶东红色文化的品牌效应，打出品牌，使更多的人了解、领会胶东红色文化，使之发挥出凝聚社会共识、提升精神境界的功能。创新胶东文化品牌，可以打造红色旅游区重点项目；围绕红色旅游+文化体验，不断增强红色旅游的观赏性、趣味性和参与性；积极推动红色旅游与生态旅游、休闲旅游、历史文化旅游融合发展，形成综合性、复合型旅游新产品；不断推出胶东红色文化周边产品。

拓展阅读

烟台市不断深入挖掘、
整合红色文化资源，全力打造胶东红色文化品牌

在烟台山胶东革命史陈列馆里，存放着300多件反映胶东红色革命史的珍贵文物和照片。在今年四月份改建之前，这座陈列馆馆舍的名字还叫做"德式楼"，是早年德国殖民者修建的，同时也是烟台山上27座外国使领馆遗址之一。烟台文化广电新闻出版局副局长刘建峰说："烟台山见证第二次鸦片战争以来我们反帝国主义奴役压迫的

变迁，它承载了非常厚重的历史信息，把它选为胶东革命历史陈列馆是非常合适的地方。"像烟台山这样见证历史的遗迹，我市还有300多处。在全面排查统计的基础上，我市对50多处遗址制定了保护、改造计划，并对一批革命史料、文物进行了抢救式挖掘。烟台胶东红色文化建设工作领导小组办公室顾问组组长金延铭说："如果没有革命史料文物，那我们讲革命历史和红色文化就是在说故事。"在烟台博物馆里珍藏着一枚世界上最早的毛泽东相邮票，它是由烟台红色文物收藏爱好者、85岁的王景文老人捐献的，王景文说："趁着我不糊涂的时候，赶紧把它传承下去。烟台搞红色文化龙头城市，我愿意尽点力量。"

（资料来源：胶东在线 http://www.jiaodong.net/news/system/2014/11/15/012488160.shtml）

对于烟台来说，烟台红色歌曲、红色故事的普及少，有学者建议《胶东抗日烈士之歌》纳入音乐课，要学习这首歌曲，还有把包括理琪领导的天福山起义、雷神庙战斗、海阳地雷战"全国民兵英雄"、山东军区"一等战斗英雄"任常伦等故事纳入小学课本；将《苦菜花》、《地雷战》、《林海雪原》等小说和影视作品纳入中学必读作品等，以充分利用学生集中性强的特点，把学校教育作为非物质文化遗产传承的重要途径。建立烟台红色文化教育网站，将烟台市现有胶东革命旧址、遗址等329处全部搬到网上，并以动漫形式再现曾经发生的革命故事。

胶东红色文化资源丰富、形式多样，充分挖掘资源价值、提升认同感，对于增强我国的文化软实力具有非常重要的现实作用。诞生于革命和战争年代、成长于建设和和平年代的胶东红色文化，记录着胶东共产党是如何带领胶东人民从贫穷落后走向独立富强的，提升红色文化在大学生中的认同，可以实现广大大学生对党的拥护，为维护党的执政安全、巩固党的执政基础提供强有力的保障，实现国家的长治久安。

二、大力发展胶东红色文化产业与文化事业

满足人民过上美好生活的新期待，必须提供丰富的精神食粮。要深化文化体制改革，完善文化管理体制，加快构建把社会效益放在首位、社会效益和经济效益相统一的体制机制。完善公共文化服务体系，深入实施文化惠民工程，丰富群众性文化活动。加强文物保护利用和文化遗产保护传承。健全现代文化产业体系和市场体系，创新生产经营机制，完善文化经济政策，加强中外人文交流，以我为主、兼收并蓄。推进国际传播能力建设，讲好中国故事，展现真实、立体、全面的中国，提高国家文化软实力。

从文化产业方面来说，弘扬胶东红色文化，可将文化产业学科纳入到烟台高校的学科建设中来，设立"文化产业管理"本科专业，为烟台市文化产业对口培养实用人才。有优秀的文化产业人才队伍，才能保证烟台文化产业向前发展。但是，利用教育体系培养文化产业专业人才，要将职业技能的培养作为重心，要根据文化产业发展的需要设置课程和专业，真正培养出能够学以致用的实用性人才，由于教育体系有其自身的运作规律，如强调学科建设的稳定性、长期性等，不可能根据市场变化快速进行调整，及时调整也存在较长的滞后期。因此，教育体系对文化产业人才的培养应该是重在基本素质。只有让学生积极主动地参与各类文化产业项目研究，锻炼学生的实际操作能力，才能有效地缩短与文化产业市场接轨的适应周期，满足文化产业迅速发展的需要。

拓展阅读

电视剧《大秧歌》宣传胶东红色文化

2016年,《大秧歌》在江苏卫视和天津卫视首播。《大秧歌》全剧篇幅长达79集,拍摄用时344天,投资2个亿,成为目前最受期待的剧集。该剧讲述了20世纪三十年代乞儿海猫(杨志刚饰演)回山东海阳寻亲,从而发生的一段夹杂家族恩怨情仇、惊心动魄的抗日热血传奇集中展现。对于烟台人来说,《大秧歌》最大的亮点就是故事是发生在烟台人身边的真实历史。据了解,从"一一·四"暴动前后到1949年新中国成立,雷神庙战斗、海阳地雷战等,凡是在胶东抗战史上有名的事件,电视剧中都会体现。导演郭靖宇曾在《大秧歌》宣传推广活动时介绍说,他用70集《打狗棍》书写了永不屈服的热河人,当他阅读了胶东的历史后,发现胶东这片土地对抗日战争和解放战争的贡献是其他地区不能比的。"胶东这片土地上养育的汉子们是我敬仰的英雄,胶东这片土地上养育的女人们都是值得尊重的女性。"郭靖宇说,虽然电视剧长达79集,但是用它向伟大的英雄和母亲致敬是远远不够的。《大秧歌》的拍摄和播出,正是用更具吸引力的文化传播样式,让更多的人知晓胶东革命历史,知晓胶东人民为新中国的建立作出的巨大贡献。

拓展阅读

芝罘区再次荣获"山东省文化强省建设先进区"称号

近年来,芝罘区坚持以服务人民为工作导向,以文化强区建设为目标,牢固树立"文化惠民、文化乐民、文化为民、文化富民"理念,积极繁荣文化事业,加快培育壮大文化产业,着力提高文艺创作水平,推动文化与创意、科技融合发展,逐步打造人人共享的城市文化 IP。

在滨海广场的一个静谧街角——烟台城市书房芝罘区东山分馆,"馆内现藏书 5000 册,有传统的纸质书籍,也有现代化的电子借阅平台。电子平台现已输入 3000 册电子图书和每日更新的各色杂志,选取喜欢的图书和杂志,通过手机扫描二维码便可以免费阅读。"

一个有魅力的城市,应该是一个散发着书香的城市。"城市书房"作为城市现代公共阅读服务新模式,既是推进"书香芝罘"建设的重点工程,也是打造"15 分钟城市阅读圈"的重大民生举措。书房按照"统一审核、统一标识、统一标准、统一配置"的要求规范化建设,功能布局小而精、美而全、特而优。建设完善后将提供自助借还、公共阅览、学习自习、阅读推广等便捷、高效、普惠的公共文化服务,满足读者现代化、多样化的阅读需求。

围绕"书香芝罘·全民悦读"主题,芝罘区集聚文化企业、实体书店、志愿者等社会力量和资源,开展了阅读节、读书朗诵大赛、世界读书日书友会等全民阅读活动 20 多项;开设"芝罘文化大课堂"经典诵读、快乐阅读等公益课程 100 多场次,在全区形成了全民参与、崇尚读书的良好氛围。

除了打造"城市书房"吸引群众前来享受文化,芝罘区还注重将文化送到群众身边。大力实施"文化惠民工程",广泛开展送文化进社区、芝罘文化大课堂、"艺苑献萃"民间文艺团队展演等一批文化惠民项目。2017 年以来,累计开展各类文化活动 1200 余场次,进社区免费放映电影 2000 余场次。全面推进文化强区建设,深化国家公共文化服务体系示范区创建成果,构建了文化事业与文化产业齐头并进、融合发展、共同繁荣的文化发展格局。

围绕"文化设施便利惠民",芝罘区大力实施文化阵地提升工程,构建实用高效的公共文化服务体系。坚持"以人为本、因地制宜、普遍均等"的原则,以"文化阵地提升工程"为抓手,统筹推进"区、街、居"三级公共文化设施建设，已经形成了以区文化馆为龙头，街道文化站为枢纽，社区文化活动室（文化大院）为基础，社区文化联谊会和各类业余文化社团为补充的多层次、多体制的群众文化网络，构建起了芝罘区"十五分钟文体活动圈"，让广大群众就近便利地享受文化发展成果。

（资料来源：烟台晚报 http://www.shm.com.cn/ytwb/html/2012-08/09/content_2808289.htm）

结语

胶东地区位于山东半岛东部，是中国革命不可或缺的根据地、老区、解放区。在风起云涌的胶东革命斗争中，胶东各级党组织在中共中央和中共山东省委、华东分局的正确领导下，带领胶东人民坚定信念、献身事业，夺取了胶东革命的伟大胜利，并为全国全省革命胜利作出了卓越的贡献，创造了灿烂的胶东红色革命文化。紧跟党走、敢于领先、不畏强敌、敢于胜利、依靠人民、创新领先、灵活机动、有理有节、以我为主、立场坚定、勇于争先、勇于牺牲，等等，构成了胶东红色文化的精神内核。胶东人民在实现中国梦的道路上砥砺前行，那段红色记忆并没有过时，而是成为了胶东人民攫取力量的宝贵财富。习近平总书记强调，要充分利用红色资源，开展党的优良传统教育和理想信念教育，激励广大青年结合新的时代特点发扬革命传统、培育和践行社会主义核心价值观，更好地学习和生活。新时代的今天，我们面临的任务之一就是要努力弘扬胶东红色文化，使之在中国特色社会主义新时代不断焕发出永恒光芒。